天下文化
BELIEVE IN READING

教育，我相信你

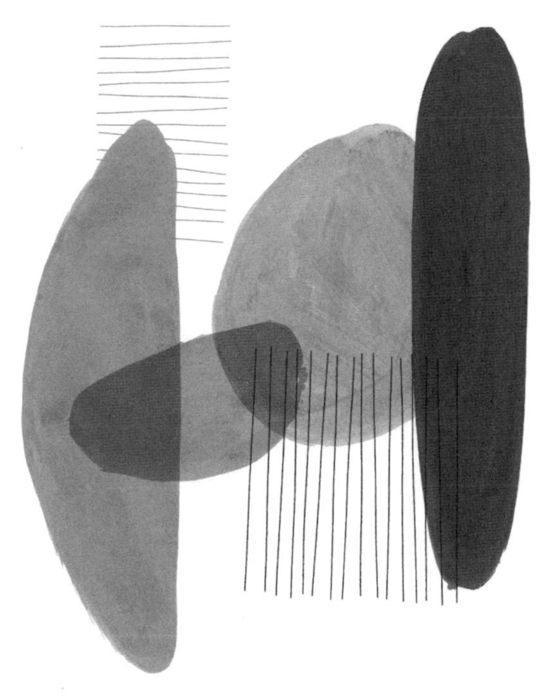

藍偉瑩——著

推薦序

守護孩子，讓孩子成為自己的主人

李儀婷（薩提爾親子教養暢銷作家）

這是一本引領孩子走向大開大合未來的一級好書。

我非常、非常推崇這本好書，在家庭篇裡，更是與我在薩提爾模式的教養理念，完全如出一轍，讓我彷彿找到摯友般親近。

身為父母，該如何陪伴孩子成長，在陪伴的過程中，如何帶領孩子學會勇氣，又如何能保全孩子的獨特與獨立性，是父母在教養上唯一且偉大的任務。

在家庭篇裡，偉瑩老師提出父母教養孩子的四大方向：

一、讓孩子成為時間的主人。

二、撐起孩子成長的空間。

三、孩子不該是父母的複製品。

四、父母是孩子獨特性的守護者。

若將這四大方向，濃縮為一句話來概括，便是「守護孩子，讓孩子成為自己的主人」，這是教養孩子的初心，沒有比這更重要的了。

「守護孩子」，從字面意義不難理解，簡而言之，就是照顧孩子的所有事，包含外在具體的行為，不讓孩子受到無謂的傷害，提醒孩子在危險的事物面前要謹慎小心。而內在心靈感受層次上，則是教導孩子「如何面對失敗」、「如何接納恐懼」、「培養孩子成為自己的主人」，這就比較難讓人一眼理解該如何在家庭裡運作。

我舉個例子，大家可以很快明白培養孩子成為自己的主人，對父母與孩子而言，是多麼的重要。

在我家孩子三三升小一時，身為媽媽的我經歷了一段陪讀、練寫、幫複習功課的歲月。

陪過孩子讀書的媽媽都知道，這是一件吃力不討好的工作，孩子寫不好、讀書不認真，父母提醒時，孩子不是不耐煩就是發脾氣，父母遇到孩子發脾氣，好一點的罵回去，壞一點的就動手責打孩子，親子衝突一觸即發。造成親子衝突的理由很簡單，那是因為父母涉局過深，因此情緒自然與孩子的行為及脾氣全攪在一起了。

當時我陪伴三三讀書時所遭遇的困境，可能比一般父母好一點，我們衝突相對很小，但因每每必須親自陪伴，讓我甚感疲累，為了陪讀，我感覺完全喪失自己的時間與空間。

為此，我在三三讀小一下學期開始，決定將讀書的責任還給她，由她自主寫作業、安排段考複習計畫，而我的工作只負責簽寫聯絡簿，以及在段考來臨時，察看她的複習計畫表，並每日問候她：「今天按照計畫複習了嗎？有不會的要主動來問我，我很樂意陪你面對不會的課業。」

若問我，將孩子的自主權還給孩子的好處是什麼？於我而言最大的好處是，我得到空間休息；而對於孩子，她得到的是被父母信賴的自信與價值，這是外頭花再多錢都學不來的。

也許有父母關注的是，孩子自我學習之後，功課是退步還是進步？

事實上，在我將責任還給孩子之前，我的期待是「希望孩子失敗」，因為唯有遭遇失敗，才能有機會陪伴孩子面對失敗，並且在失敗中找到努力的勇氣。這與偉瑩老師在這本書裡提到的信念，是一樣的。

過往的教育，都教導孩子要如何「努力不要遭遇失敗」，卻從沒有人教育孩子「如何面對失敗」。然而走過人生風景的大人們，都明白「失敗」才是人生的常態，從孩提時學走路開始，我們得歷經無數次的跌倒，才能學會如何站穩腳跟，並且邁出穩健的步伐。在課業或興趣的學習上皆是如此，沒有嘗過失敗的歷程，何來調整自己的步伐是否適合自己行走，因此我一點也不擔心三三在自主學習時所遭遇的課業退步的失敗，因為那才是真正該有的歷程。

然而三三在自主學習之後，她主動學習的欲望更強烈了，造就的結果出乎我意料，她的學習成績竟名列前茅，甚至比我陪伴時，更為亮眼，足見孩子的能力，在父母的信任下，能發揮得淋漓盡致。

如果孩子在家庭教育裡的學習，每個父母都能培養孩子成為自己的主人，不管未來遭受多大的挑戰，都能憑藉著自己的資源衝出困境，成為一名無懼的勇者。

這本書無論思維與信念，我非常推崇！

推薦序

我相信，台灣的教育會更好

陳偉泓（前建國中學校長）

結識偉瑩老師，要從二〇〇九年她進入麗山高中擔任化學教師談起。在教師甄選的面談中，我充分感受到一位充滿正能量和教育情懷的熱情老師，有想法，能夠清楚論述，更重要的是，有具體可行的方法和步驟，能實踐在她腦海中的教育願景。當時我心想，這位老師對麗山高中未來的學校發展一定會有很大的幫助。

經過了十二年的各種經歷和磨練，偉瑩老師對教育的想像，展現出無比的高度和更遠的景深。她的第一本書《教學力：深化素養學習的關鍵》，將教育願景、教學理論和教學現場實作三者緊密扣連，幫助學者和教師明確闡述了願景、理論和實作之間的對應關係，尤其對於第一線的學校教育工作者，更是一本兼具理想和實用的素養學習指引。

教育不只是學者和教師的工作，教育和社會中的每一份子都息息相關，也和政府的政策與作為密不可分。促成理想的教育，光靠學者和教師的努力是不夠的，必須從社會中各個成員的正確觀念和想法開始，形成一種思維模式和文化底蘊，才能徹底的逐步改變教育。

《教育，我相信你》這本書就是偉瑩老師從她自己曾經扮演過的各種不同角色的觀點，闡述對理想教育的想像和期待。她由本身是一位母親也是家長的角色說起；多年的教師生涯道出第一線教育者——教師的心聲和期許；因為她擔任過學校教務主任和教育局課程督學，所以也能從學校行政人員和教育行政人員的不同角度，提出切中要點的看法與評言；如今，因為辭去教職，從創新教育機構執行長的視野，以滿懷的教育使命感和熱情，自多元角度提出看法和建言。很少有一本書或一位作者，可以如此從不同層次、多元角度等有深度及廣度的多重觀點，探討教育的過去、現在與未來。

閱讀此書時，經常對於書中許多觀點產生「於我心有戚戚焉」的認同。除此之外，偉瑩老師更指出許多大眾對於教育的一些習焉不察的看法。無論是政府部門、教育工作者，甚或家長和社會大眾，很容易有一些不是大家所在意，但是卻非常重要的觀念。

例如：企業應該注重教育，不該只是責怪學校培養的人才不好用或學用落差。記得幾年前我在建中服務時，曾有一家著名的日本鋼鐵企業來台灣考察科學教育而到建中訪問，我好奇的詢問：「為什麼鋼鐵公司要推動科學教育？」他們的回答是：「日本的高中科學教育有下滑現象，大學培養的人才，公司覺得不好用，想投入協助科學教育的工作，因此先到各國考察。」這段話讓我記憶深刻，如今回想，仍然像一記警鐘。

這本書中，我最喜歡也最欣賞的就是「相信」這個信念，我也曾在許多場合聽過有些人反映，如果大學招生方式不改變，高中所做的各種教學改變都將歸零，這是一種「不相信」；教育主管機關以防弊做為管理學校的方式，這也是一種「不相信」。如果，我們能將這些不信任轉化為「相信」，老師「相信」學生有能力做到自主學習，學校「相信」老師能做到素養教學和教導學生自主學習，教育局「相信」學校能做到自主管理；有了相互信任的前提，才能尋求進一步的解決方案，教育的變革和創新才能大步向前。

教育攸關國家未來發展，需要每個人一起關心和投入，並且在正確的教育價值觀、思維模式和文化底蘊下運作。我們都期待政府能擘劃長遠的教育藍圖，勾勒出教育發展路徑和未來樣貌。但是在此之前，更重要的是，我們的社會對於教育的期待先要有一個清楚的論述，才能交由政府去策劃。當我們找到了對於教育理想的期待與方向時，「相信」孩子，「相信」老師，「相信」學校，「相信」教育，「相信」每一個「自己」都能成為教育的貢獻者。對教育有想法有熱情的人，都應該看看這本書，「相信」會激發你我對教育有更多的期待與行動。

推薦序

讓政策的落實為教育開創新局

潘文忠（教育部長）

教育創新需要具有熱情和遠見的先行者，偉瑩老師就是這樣的人。認識偉瑩老師多年，從早期麗山高中率先投入學習共同體的課堂實作、擔任台北市課督到近期參與一〇八課綱的課程教學推動與教師培力等工作，這一路走來，偉瑩老師始終懷抱強烈的使命感和積極行動力，在不同教育場域裡，努力為體制、環境帶來新的改變，也啟發更多的思考與可能。

在《教育，我相信你》書中，可以看到偉瑩老師對家庭、學校、社會與政策的反思、提醒和倡議，閱讀歷程中頗能激發共鳴。

教育政策的擬定和推展，從來不是從無到有的發想，必然有教育本質的根本思索、當前局勢發展的脈絡，以及國際與前瞻的趨勢等，更重要的是，政策的擬定和推展必須在社會充分溝通對話的狀態下展開行動。

書中以一〇八課綱為例，偉瑩老師希望大家可以認真思考：課綱的改革目的是什麼？教改是希望培養什麼樣的下一代與未來？毫無疑問，這是教育根本的問題。近年教育政策從國家教育權觀點轉向保障學生學習權的趨勢，過往政策語言中常從人力資本來討論人才培育與國家競爭力，然而中小學教育更涉及我們對「人」做為學習主體能力與潛力的培育信念，這是教育本質，也是對「以人為本」教育的追求。

孩子是國家最珍貴的資產，長年以來，我從事政策的擬定與推展，深知每一項教育政策的推動與變革，對孩子與教育現場帶來的深遠影響。而近年來有許多國家陸續啟動教育改革，希望藉由更多元的開展以回應這項教育理念，也同時帶動教學現場與學校能共同思考、提升與豐富教育的實質內涵，進而成就每一個孩子適性揚才與終身學習的需求。

我們也常常借鏡如芬蘭、新加坡等國家的經驗，其中有一個共同點就是透過國家課綱修訂、學校課程教學改變、教師培育與專業發展等，除了帶動學生學習動能與終身學習素養，更希望能形塑「自發、互動、共好」的協同合作教育文化。

在民主自由的台灣，我始終相信教育需要在變動中持續滾動調整與創新，才能維持教育活力與永續，正如書中不斷提及，我們需要建立信任與合作的文化，願意承擔責任，願意相信自己與孩子，並信任與支持教育。

確實，我們需要更緊密的合作關係，因為社會創新政策的基石是教育與人才培育，當人們能夠充分參與社群發展並從事社會問題的解決，建立以信任為本的協作社群，從在地的、小型的實驗與實作中集結異質專業的夥伴，一起探究與發展創新的方法與工具來解決教育問題，經歷集體的學習歷程，才能體現民主社會教育創新的價值，這是堅定我投入開創與守護教育的初衷與信念。

偉瑩老師提到教改二十年，教育變革並沒有真正在教學現場實踐的問題，值得大家反思。以一〇八課綱實施為例，從課程研究發展、課程教學推動與配套、師資培育與教師專業發展、評量與招生選才和課綱的對接等各系統，為一〇八學年度課綱正式上路全力完善配套做足準備與展開行動。

政策推動涉及不同層級與系統的權責，因此我非常重視政策語言一定要轉譯為容易理解和可以執行的文件與方案，持續強化不同系統之間彼此協作的夥伴關係，引導政策端與教學現場朝向創新系統的發展與互學，並發展與運用新工具和互動模式，以促成教育場域變革與組織發展。

希冀我們建立的教育治理模式，能夠為學校、教師、學習者、家長、社會搭建支持系統，鼓勵各方參與以增強變革動能與協作文化，共同為學生更好的學習、更理想的學校教育一起努力。

台灣面臨少子女化、高齡化、更多族群的互動、更快速的科技發展與資訊傳播等等所帶來的挑戰與機會，教育不只回應社會變遷，更要能創造未來。因此教育更要能引導學生成為會思考、懂生活、能行動、勇於嘗試、不怕失敗、承擔社會責任、有器識與國際視野的社會公民。也期待偉瑩老師這樣從巨觀到微觀的實踐與書寫能激發更多能量，讓更多教育夥伴一同思考與行動，一起為更好的教育承擔責任、開創新局。

推薦序

教育應該走在社會改革前面

嚴長壽（公益平台文化基金會董事長）

公益平台文化基金會在二〇〇九年正式成立，號召一群人把下一代撐起來。當時我深切感受到世界的教育正面臨重大的轉變，以前應徵人才，假如對方說可以背誦五百名客戶的電話，企業馬上錄取，但如今企業已經不需要這樣的人力，這種事 Siri 就可以幫你做了。這樣的變動下，我們卻還在用填鴨式的教育方式教孩子？體認到台灣若要改變則教育必須改變，我最早影響到的是由矽谷回來的方新舟先生，我們看到全世界盛行線上學習，教學方法翻天覆地變化著，台灣卻還看不到成氣候的線上學習方式，因此，他後來創立均一教育平台，做得相當成功。

後來我認識了KIPP（Knowledge Is Power Program）創辦人麥克・芬柏格（Mike Feinberg），了解美國翻轉教育如何協助弱勢孩子透過教育翻轉家族命運，沒想到又是他義無反顧的成立公辦民營特許學校。

然後認識了藍偉瑩。她是個優秀的老師，她開放教室、到處演講，成立工作坊協助第一線的老師，每天忙個不停。公益平台文化基金會初衷就是為有能力改變社會的人創造一個平台，協助這些優秀的人，扮演幕後的支持者，我願意當藍偉瑩的平台，讓她從瑣碎的行政雜事中解放出來，我幫她培養行政團隊，讓她去做最擅長的事情，把寶貴的時間都用在專業上。

後來偉瑩辭去教職，我相當佩服她把自己奉獻給更多學校與師生的精神。因此，邀請她擔任均一師資培育中心執行長，讓她可以到全國各地的學校進行工作坊，後來，偉瑩更進一步獨立創辦瑩光教育協會，進行更多的教育行動改變，我們很榮幸能夠陪伴她走開始的第一哩路。

在教育界，我算是幕後的觀察者、關懷者與理念的推廣者。我看到社會的教育問題，也看到教育界優秀的人才與光亮。但到底我不是專業的教育家，藍偉瑩這些人，才是專業的教育家。

教育應該是引導大家關注下一步該怎麼做。然而，教育若要走在社會發展的前面，先決條件是老師必須走在前面，但大家發現，現在的老師仍然是以前的老師，多數老師還看不到未來發展的趨勢。也因此藍偉瑩在這個時代就顯得重要，因為她可以擺脫既有的教育框架，去觀察、去挑戰、去行動。

偉瑩這本書給社會敲了個警鐘，我們是否能教育下一代擁有不被駕馭的能力、獨立思考的能力、關懷社會的能力？我認為教育者必須時刻提醒自己，能否教育下一代三種能力，包括做人的能力、生活的能力、做事的能力。

書中有句話是「教育應該走在社會改革的前面」，我相當認同，教育是社會前進的引擎。這次新冠肺炎疫情的隔離，更凸顯了生活素養教育的重要，有些人玩音樂、藝術，閱讀，分享，另一些人則宅在家不知道要做什麼。這是因為我們從來不重視生活素養，若我們只著重教育下一代的學術素養、學術成續，當他們遇到變動的世界時，有限的能力便不足以因應。

讀完偉瑩新書《教育，我相信你》，我們確實應該靜下心思考，誰該關心教育？新冠肺炎疫情衝擊人類，讓全體醒覺，原來事業、生活乃至生命都可能一瞬間瓦解，人類必須更謙卑面對自己的生命意義，唯有透過人性化的教育，才能創造永續和平，你、我都可以是社會教育者，為教育做出更大的貢獻。

自序

未來，從相信自己開始

從小到大，最讓我感到不解的是，為什麼大家總是對於未知充滿否定，不相信事情是可以做到的，不相信事情是可以改變的？為什麼不願意試試看？為什麼不願意堅持下去？

當了老師後，同樣的，我認為沒有教不來的學生，沒有改變不了的孩子，只要願意等待，只要願意相信，事情都會有所轉變，孩子的未來會因此而獲益。但我總會得到這樣的回應：「我也很想跟你一樣有信心和勇氣。」這種回應讓我的想法好像成為一個特例，而不是身為人都該有的特質。但是，這真的是因為我特別嗎？或是他們不願意跨出舒適圈呢？

● 信任來自於為自己負責任

教書二十四年，遇過各種不同家庭背景與特質的孩子，也遇過不少還沒有真正「獨立」的父母。孩子總會抱怨父母或大人不願意相信他、不願意給他空間，但我總會對孩子說：「你過去做過什麼？為何別人會不相信你？」這時候，孩子總是支支吾吾，最後便靜默。同樣的，當父母對我說到孩子與自己之間的衝突時，或是孩子不願意溝通或態度惡劣時，我也會問：「你們過去是如何相處的？孩子應該不會是從小就這樣的，是什麼讓他變了？」

「信任」在我們的生活中逐漸消失，或許不是因為別人不願意信任我，而是我為何無法讓人信任。

指責他人很容易，卻很少有人願意向他人承認自己的過錯、承認自己的不足，並願意面對與承擔改變必須付出的代價；這樣的經驗讓我們對於人的信任愈來愈少，讓這個世界花費了愈來愈多的溝通成本，只因為我們背負了太多不好的經驗。

漸漸的，人與人的往來進入惡性循環。父母或老師對孩子的規範愈來愈多，孩子也一如大家預期的那樣不成熟或任性；教育主管機關制定了新課綱，學校或老師若想著可以如何鑽漏洞，能不做就不做，政策上路但無法落實便會成為常態。

在推動一〇八課綱的時候，曾經遇過學校主管或老師問起：

「教育部這次是玩真的嗎？」

「別的學校真的會做嗎？」

「最後會不會只有我們傻傻的做了？」

「教育部會查嗎？不做會怎麼樣嗎？」

很難想像這些話會從教育工作者的口中說出。我總想問問他們：「如果你的學生說『學校真的會抓嗎？如果被抓到會怎麼樣嗎？有什麼方法可以不要做？』你會如何回應呢？」甚至也有不少學校反映，家長希望學校只要加強學生的應考能力就好，不用做新課綱裡那些大考不考的事情。就這樣，我們抱怨學生變得喜歡鑽漏洞，或是喜歡爭辯，卻忘了回過頭審視自己。為何自己在面對這些有法律效力的規範時，一心想的卻是有什麼方法可以不必改變現況？是不信任別人，或是不信任自己？

如果把心思放在如何可以不遵守規範，想方設法要鑽漏洞，而不是真正設法了解這些規範或改變的意義，那這樣的學校、老師、家長或學生不被人信任，實在沒有什麼好意外的。

●有一種不行是「我覺得我不行」

在前一本書的新書發表會時，我遇到了一對首屆適用一〇八課綱的高一生母女，她們聽完了整場對談，並拿著書來給我簽名。這個女孩看見我便說：「學校強迫我們彈性學習時間選擇一個補強性教學，只能從學校安排的國文、英文與數學中選擇。最後我只好選了國文，但老師從開學到現在只是帶著我們寫了前五課的主旨，我真的不懂！這跟上國文課有何不同？我想做其他事情。」這對母女問我，學校真的可以這樣嗎？我回說這是違反課綱的，因為學生有權利不選這個補強性教學，學生是可以申請自主學習的，她們問能如何爭取，我建議直接跟學校溝通，但說真的，不得不承認也許一九九九專線或署長信箱會相對有效。除了這對母女，台灣還有多少適用一〇八課綱的學生面臨了相同的情況呢？

有些學校和老師認為，學生根本不會有自主學習的能力，也不懂得選擇或安排自己，所以連學生的自主學習都幫他們安排好要學什麼了。這件事真的很弔詭，如果自主學習是新課綱為了學生終身學習所安排的一種學習體驗，為何學校和老師會認為「學生應該要會自主學習，才能自主學習」，而不是「因為不會自主學習，所以才要讓他們自主學習」呢？如果以這樣的邏輯來看，「會數學的學生才能學數學」、「會音樂的學生才能學音樂」，這不是超級矛盾嗎？

學生到學校就是要學習與發展，所以可以不會、可以失敗、可以調整，直到學會。為什麼不將自主學習的時間就當成學生在學習如何學習呢？如果一個學生三年來每週花一小時，最後學會了自主學習，養成了學習的習慣，這樣的成果對於一生的意義，應該遠大於取得優異的學科成績吧？

這就如同，當學校反映了實施上的困難，主管機關應當思考的是如何協助學校解決困難，卻選擇了改變規定，讓學校有些彈性，但仍然沒有提供協助。這樣又如何期待學校有一天能夠有能力真正上路呢？

主管機關預設了某些學校要落實新課綱是困難的，但真正了解教育現場情形後，便會發現，我們以為的偏鄉或小校反而努力實踐，即使有困難也設法突破，只因為想要給偏鄉的孩子更大的世界。而那些宣稱實施新課綱有困難的，往往是相關資源充足、學生素質較好的學校。到底是無法做，還是不願意面對衝突與改變呢？

教育現場對於學生學習態度的抱怨已有多年，但當教育改革推動時，卻又不願意改變現況，寧可告訴自己改變也不會更好，就這樣繼續自怨自艾的停留在原地。讓人納悶的是，這些人寧可相信，只要讓學校回到二、三十年前的樣態，他們就能管得住學生，也能讓學生心無旁騖的學習。但是，社會也能倒退到過去嗎？家庭型態也能嗎？如果都不能，那麼不斷抱怨教育主管機關，是不是太任性了？

教育不是因為社會改變後才跟著改變的，教育應當是走在社會改變之前，教育是為了開創理想的未來而努力著。我們總是說我們在培養未來公民，但教育現場卻仍有為數不少的人期待著如果能夠回到過去多好！多麼諷刺。

●教育是基於信任而發展的

在台灣，教育部不只是訂定教育的大原則，也規範了許多細節，雖然近年來一直說要減少公文與降低行政負擔、要整併各項計畫，但到教育現場一問，壓力仍然很大，更何況還有不同司署都在進行著相似的計畫，讓現場無所適從。從中央主管機關對地方主管機關的規範，到地方主管機關對學校的規範，我們看到的是過多的安排與規劃；中央安排了地方要做的事情，地方安排了學校要做的事情，大家安排了老師該做的事情，而最終被塞滿的人是學生，讓孩子們對於長大充滿期待，因為他們想要擺脫這一切。

二〇一七年二月，我與幾位教育夥伴共同發起連署，期望招聯會能夠正視高中現場對於大學招生的看法，因為我們是共同培育學生的夥伴，大學的招生影響著高中的運作，更可能影響著大學自己的課程教學與研究發展。就這樣，在二百五十二所高中校長、教務主任與課督的參與下，我們並非以特定組織的身分，取得與大學對談的機會。

過程中，我寫了一封信，寄給每一位大學校長，提出我們的期待，也說明我們是為了共好；唯有讓學生在高中能夠真正探索與學習，才有機會讓更多學生進入適合的學系，也才能讓大學真正的選才。坦白說，從一位教師到要接媒體的電話，又做著類似狗吠火車的事情，那需要很多的信心——信任大學和我們一樣，期望學生可以真正的學習。

這樣的對話讓高中現場的我們了解了大學的考量，除了對於人才的渴望，也有著大學的生存壓力。他們對於人才的期待，必須來自於高中所奠定的基礎，如果無法在考招制度上為學生創造更好的學習氛圍，大學現場所面臨的困境是無法可解的。在那之後，大學與高中便共同推動新的考招制度，參與高中新課綱的發展，讓高中的生涯輔導、選課探索、學習歷程，與大學招生能夠對接，引導學生探索自我，不讓大學生退學或休學的情形持續惡化。雖然仍不夠理想，卻是能相互理解與前進的方式。

如果沒有信任做為前提，大學與高中的協商就變成是談判，雙方各自盤算手上有多少籌碼，甚至思考要提出何種條件，以取得最大利益。但是，整件事情根本無利可圖，因為大家所關注的是我們的孩子，如果沒有辦法為孩子爭到未來，大家都會是輸家。整個過程，我充分感受到招聯會、大考中心、教師團體、高中現場與高教司有共同追求的價值，我們沒有懷疑對方，在想法不同的時候，總是試著換位思考，想想他們的難處，或是他們所在的區域有什麼可以達到平衡的方法。

然而，並非所有的事情都能夠這樣進行，比如每每當我提出我在教育現場的見聞，相關承辦人員或計畫單位便可能誤以為我是在否定或指責他們，而不是單純陳述一個現象，期盼大家能夠一起討論如何改善。害怕被否定，以及不願意相信大家期待共好的心，大大阻礙了教育的發展。無法敞開心門，讓自己逃避了檢視自己的機會，更失去了讓彼此更好的可能。如果人們能夠對彼此有更多的信任，會不會讓自己更有勇氣面對問題，而能堅持實現理想呢？

● 教育是我們共同的責任

當天下文化邀約我寫書時，我很快便決定了撰寫的方向與內容，這不僅是我多年來的所見所聞，更包含了我對於這片土地的期盼。為了能更廣泛談論教育的各個層面，本書共分為四個面向：家庭篇、學校篇、社會篇、政策篇。如果改變只限於學校，沒有家庭的同行，沒有社會的氛圍，沒有政策的支持，不僅學校的成效會打折，更可能遇到許多阻力與挫折。

透過「家庭篇」的討論，父母可以重新思考自己在孩子成長過程中所扮演的角色，重新定位自己對於孩子成長過程的介入。透過「學校篇」的討論，學校裡的每個成員能夠重新思考自己的責任和彼此的關係，能夠改變互動方式並建立嶄新的文化。透過「社會篇」的討論，期待建立教育與社會的連結，讓社會大眾與企業正視自己對教育的影響，也鼓勵大家能積極支持教育產業，讓教育與社會間形成正向循環，相輔相成。最終則藉由「政策篇」的討論，探究理想與現實的落差，試圖提出問題的緣由，更期望能鼓勵主管機關明確與堅定政策的方向。

本書期望能引起眾人對教育的關注。教育從來都不只是相關工作者或父母該關心的，教育涉及國家競爭、社會民主、民眾素質，是全民的責任，我們每一個人都應該要積極支持教育，共同營造有益於孩子成長的環境。如果能有這樣的覺知，我們必然無法接受政治的惡鬥、社會的紛亂、媒體的亂象，甚且小至不當的生活習慣，因為這可能都會影響孩子的成長，抑或讓孩子對這個世界充滿困惑。

本書從洽談、企劃至編寫付梓，歷經近九個月的時間，感謝天下文化編輯團隊的協助，還有林秀姿小姐的文字協力，盡心協助我完成本書。這本書是我做為一個母親、一個教師、一個教育改革推動者的經驗，更是我對於這片土地永續的期待。或許這本書裡所提及的許多事情是你沒有經驗過的，但期望每一位閱讀與討論這本書的你，能夠打開思考的可能，因為當每個成人願意跨出一步，我們的孩子就有機會擁有更寬廣的天空。

目錄

推薦序　守護孩子，讓孩子成為自己的主人　李儀婷　2
推薦序　我相信，台灣的教育會更好　陳偉泓　7
推薦序　讓政策的落實為教育開創新局　潘文忠　11
推薦序　教育應該走在社會改革前面　嚴長壽　16
自序　未來，從相信自己開始　20
前言　「以厭世的心來愛世界」　36

PART 1 家庭篇——每個孩子都是獨特的 45

1 讓孩子成為時間的主人 46
放手，孩子才有勇氣冒險

2 撐起孩子成長的空間 60
切忌成為孩子成長的天花板

3 孩子不該是父母的複製品 70
你為孩子指引的明路也許反而是遠路

4 父母是孩子獨特性的守護者 84
讓孩子找到自己，他才能安身立命

PART 2 學校篇——教育，從信任開始 97

1 校長，你的老師很棒 98
彼此信任，共同朝美好願景前進

2 是我的問題，還是學生的問題？ 學生是老師專業成長的「老師」 108
3 我不是補習班老師 讓孩子在多樣態學習中成為獨特的自己 119
4 我們要的是尊重不是名利 老師需要熱情與好奇，不需要完美 133

PART 3

社會篇——教育是一切根基

143
1 誰該關心教育 教育需要所有國民的共識 144
2 教育創新產業的興起 新世代對社會的抗議與翻轉 154
3 社會是教育最大的場域 每一個大人都肩負教育的責任 169
4 營造支持創新的文化 親手創造，才會尊重智慧 179

PART 4

政策篇——教育理想的堅持

政策篇——教育理想的堅持 191

1 教育政策不是政治績效 192
孩子的生命發展重於政治角力

2 課綱與考招變革，二十年教育大躍進 201
期待一〇八課綱真正上路與落實

3 政策的一致性與因地制宜 219
中央與地方形成夥伴關係，社會才能共好

4 組織的困境與未來 231
大人勇敢起來，讓下一代有開闊的未來

結語 你可以不認同我，但請信任我 241

附錄 打開藍家大門 250
藍偉瑩三代親子教養篇

前言

「以厭世的心來愛世界」

小時候，媽媽將我們四姊弟的生活照顧得無微不至，對學業與品格的要求更是巨細靡遺，印象最深刻的是：坐姿要挺，用餐不得出聲音，夾菜不能掉在桌上，衣服不能有任何汙漬等。直到她必須開始外出工作，才不得不放下這些牽掛。

做為父母與老師，或該說大人，對孩子總有許多的不放心，擔心孩子沒有好好照顧自己，餓著了、碰著了、犯錯了，生怕孩子被人責罵，媽媽寧可我們是被她罵，也不願意有人責罵我們，這會讓她心疼，但我總想問媽媽，為何覺得我們一定會發生這些事情？為何我們一點錯誤都不能發生呢？

●人生勝利組有絕對公式嗎？

對於多數人來說，會認為像我這種別人眼中的「人生勝利組」，從小讀書這麼順遂，有什麼好評論教育的，懷疑我真的懂真實世界嗎？其實很多人對於老師的評論也是如此，總說老師都是沒出過社會的人，學習階段結束就又回到學校任教，這一生都在學校度過。對於某些人，或許真是如此，如果成長的家庭與環境很單純，有可能難以理解其他人的世界。

不同的職業別或社會階層，各有生活方式與挑戰；有些人每天只擔心明天的生活，有些人則擔心靠近自己的人是不是想要從自己身上得到好處。人們對於自己不熟悉的世界，充滿了疑慮，那種不安與焦慮，也影響著我們如何面對孩子的未來。

如果從這樣的角度來想，我或許是幸運的人，因為身邊的人是那樣的多元，無論是成長歷程或是職業類別。我有一個姊姊、一個妹妹、一個弟弟，在家裡排行老二。姊姊從小比我乖巧，對於父母的話多數是接受並遵守，長大後才比較敢說出自己的想法，在爸爸評估她不太可能考上大學的情形下，即便當年姊姊考上台北市的公立高中，仍然聽從爸爸的規劃讀了五專。

妹妹從小更是乖順，相形之下，我彷彿家中的異類，調皮搗蛋、闖禍不斷，被打被罵是家常便飯。

妹妹從小就不擅長讀書，原本和我同一所中學，但在師長時常比較姊妹表現差異的高壓下，妹妹轉學了。後來她選擇了高職，進了觀光科，畢業後便到五星級飯店工作；但親眼見到因為學歷差距所產生的職位差異與不平等，再加上身體出現狀況，便離職了。

爸爸安排妹妹到新加坡的朋友家寄住，心想即使辛苦，如果能讓妹妹進入語言學校，把英文學得更好，或甚至有機會上大學，也許未來能有好一點的工作選擇。但妹妹身體不好，最後還是回到台灣，接著努力考進了一所大學的進修推廣部，完成了大學國文系的學業。

弟弟只喜歡歷史，對其他學科都不感興趣，就讀普通高中，畢業後讀了他第二喜歡的日文，進到二專日文科，而後又進入二技，完成學業後等同大學的日文系，也在畢業時通過日語一級檢定。

我常笑稱，我家把台灣能讀的學制都讀完了，普高、技高、五專、二專、二技、大學（日間與夜間），加上我修讀碩、博士班的經驗，再加上表姊、堂哥的三專經驗，還有表姊留學澳洲的經驗，這一家也夠精采。如果你身邊出現這麼多的可能，而你又看見每個人長大後都能找到一個可以投入與發展的領域，你便會相信，「能」或「不能」不是學歷決定的，那只會決定你的第一份工作，而長遠的發展，則是自己決定的。

● 考驗你的不是境遇，是你的意志

記得國小的時候，爸爸曾經與朋友合夥進口美國食品。當時，綠巨人玉米粒、醃漬櫻桃罐這類食品在台灣還不太風行，進口商品中還包含很多後來在台灣風行的餅乾與甜食等，但是公司經營得很辛苦，最後關閉收場。在經營食品貿易之前，爸爸也跟朋友一起合夥蓋房子，同樣的，似乎還不是時候吧，並沒有如預期的賣出好成績。就這樣，接連幾個嘗試都走在市場之前太早，每一件事都沒有好結局，不僅沒有減少家裡的負債，甚至讓情況更惡化了。

爸爸一生中，失敗的次數可能多於成功，但我從來沒有看過他因此放棄自己的人生，反而看到他把握各種可能的機會，只要能夠拚一拚，他都願意試試看，這樣的個性當然讓持家的媽媽沒有安定感。

那一代人經歷了台灣辛苦的時期，對於生命的挑戰沒有害怕的權力，只有不斷迎向人生的功課。我一直記得媽媽曾說過：「不要擔心養孩子沒有錢，每個孩子都會自己帶錢來。」這不是過度樂觀，這是生活智慧，深刻的體驗所得。就如同媽媽走到低潮時，也會說：「只要願意做事，老天爺會給你飯吃的。」沒等到領退休金就離開安穩的學校工作、投入成立與運作非營利組織的我，也是用這句話鼓勵自己。

看著父母的背影，我看見的是台灣人的生命態度。在台灣，什麼都是可能的，台灣人不怕難，只怕不相信自己。

隨著台灣的經濟起飛，生活條件愈來愈好，人們對於很多事情的態度，似乎有了轉變。我從一九九四年開始教書至今，早期的家長對於孩子的生活管教嚴謹，學業則是放手信任學校與老師的安排，及至近來，愈來愈多教育工作者反映家長放任孩子，或是將家庭該負起的責任丟給學校，又或是過度干涉學校與老師的教學專業。對於孩子的發展，成人有太多的不安，與其讓孩子探索與冒險，寧可為他安排一條相對安全的路，無論這條路是否是孩子想要的。

我好奇的是，這些父母害怕的是什麼？為什麼挑戰都還沒到來，就幫孩子先決定了不要遇到。一個沒有遇過任何挫折的成長過程，真的能夠「安全」走到最終嗎？真正考驗我們的，從來都不是外在挑戰，而是我們內在的意志。你不相信自己嗎？又或者，你不相信自己的孩子？

即便失敗，我們都想自己闖一闖

這些年認識許多有想法的年輕人，他們是大學生、研究生，是年輕教師，是新創業的人，我總是好奇他們這麼多的想法是從哪裡而來。有些是對於自己成長過程的反思與反抗，有些則是對於這片土地的熱愛，當然也有人像我一樣，重視每個生命的意義與價值。偶爾會看見他們的臉書寫著對我來說很負向的評論或想法，看起來好像對人失去信心，但他們平日卻認真投入這個世界，也熱情待人。當我問起他們的負向貼文，得到的回應是：「老師，我們是用厭世來愛這個世界。」

這個說法很生動，也代表了這個世代的年輕人。他們成長後的社會有著太多爭議或混亂，經濟狀況也不如過去那般好，他們只能接受與面對。雖然表達了許多的不滿，但這是因為他們還有感覺、還會抗議、還會在乎、還願意為了這一切努力。我喜歡也佩服這些年輕世代，用著和我們不同的方式，一起回應這個世界。他們即便有不滿，卻仍然相信自己有可能改變這一切，這不就是這片土地的人們最可貴的地方嗎？

許多人對無法預見的未來缺乏信任感，因此以最安全但消極的方式面對，更剝奪了下一代成長的權力，為他們排除所有可能的失敗，不願意讓他們冒險，卻導致了許多年輕人對於外在世界冷感、對於困境選擇逃避，在乎自己勝於一切，這都不可能讓這片土地的未來更好。

信任，是這個社會最缺乏的。立場不同，所屬團體不同，我們對於他人的言論便不經思考就判定意義。沒有經驗過的，與過去經驗相衝突的，我們不願意傾聽，就否定一切。我們不願意相信多數人都是熱愛生命的，我們讓自己的感覺關閉，讓日子一天過一天，直到問題惡化到無法逃避，才願意面對。我們不願意相信多數人都是熱愛生命的，即使有差異或衝突，都不代表我們是全然不同或無法相互理解。

做為一位母親、一位老師，每天穿梭在不同學校的我，經常看見人們因為缺乏聆聽而產生的誤解，不僅對於彼此失去信心與支持，長久下來更對於自己與未來不再信任。成熟的大人不僅有責任為孩子創造良好的環境，以促進生命的發展，更要陪伴著這些生命創造未來。無論順境或逆境，都能成就生命的美好，最終不僅讓世界變得更友善，更是讓我們自己的生命也找到意義。

PART

1

家庭篇

每個孩子都是獨特的

孩子是獨立的個體，父母必須守護他的獨特性，並盡可能保有他的好奇心與勇氣，培養他探索自我的能力。

父母要慎思自己對孩子成長過程的介入，撐起孩子成長的空間，讓他自己做選擇，並自己承擔選擇後的代價，讓他能夠真正擁有面對成長的權力，對自己的人生有主見，對事情有自己的觀點與想法。

1 讓孩子成為時間的主人

放手，孩子才有勇氣冒險

「今天有作業嗎？」

「洗完手，吃完飯，就快點寫功課！」

「功課寫完了嗎？為什麼在做其他事情？」

很多家長只要看到孩子沒在用功，比如一回家就躺在沙發上看動漫、滑手機，就會焦慮緊張，心想是不是要找點事情給孩子做。認真想想，其實孩子跟大人一樣每天「上班」，早上七點半就到學校了，一直上課到傍晚四、五點，許多中學生甚至還有晚自習或補習，實際上「工時」已經比大人還長，為什麼孩子回家後不能好好休息，得繼續工作？何況，孩子往往連週末都在學才藝、上補習班，有些學校連週六都要上課。

孩子也需要休息

當年我讀國高中時，下午四點就沒課了，不像現在，許多學校都上課到傍晚五點多，或是直到夜間晚自習；晚自習結束，孩子回到家還要寫功課。我求學時便爭取要擁有自己的房間，最後爭取到將儲藏室改做房間，因為我必須有空白的時間，獨自想這些事情：「人生到底在幹麼？」從小我就有這些空白的時間可以思考生命的意義，也有很多時間可以觀察、思考周遭的人事物。

演講的時候，曾經有個媽媽問我「要如何幫孩子安排寒假」。我心想，寒假只有三個星期——還包含農曆年——可以讓孩子跟家人相處、幫忙做家事，甚至好好休息，要安排什麼呢？我們大人不是總希望能有個長假，期待國定假日與連續假期的到來，或是有一段完全屬於自己的時間，可以好好喘口氣？那為什麼會想把孩子的時間塞滿呢？孩子好不容易有個休息日或是空白的時間可以自由運用，大人卻把它剝奪了。孩子從此就會一直想：「我什麼時候可以不要學習、不要做事？」就像現在的多數大人，許多人從學校畢業後，就不想學習了，也沒有動力安排自學進修，進入職場後就開始計算何時可以退休，期待退休後可以自由的做想做的事情。

若從孩子的角度思考，當一個人被安排到很滿時，表示「被過度擔心」、「不被信任」，凸顯家長認定孩子為自己所選擇的事情是錯誤的，所以需要大人幫忙安排，把孩子的空白時間填滿。

這樣的做法，容易導致不好的結果，製造出兩種類型的孩子：

第一種，失感的孩子。這類型的孩子不想感覺自己，因為他感覺自己沒有用，即便表達自己的意見或想法，也沒有人想聽，也解決不了他的疑問或困擾。最後他的結論就是「乾脆不要有感覺」，對大人的所有意見與安排照單全收，對自己的心情感受盡可能無視與麻木，以逃避來面對可能的衝突，盡可能在大人面前扮演一個無感而順從的人。

第二種，反骨的孩子。這類型的孩子剛好相反，他們沒有選擇無感順從的方式，而是走上積極展現自己的路徑。他們會極力希望「自己被聽到」。那麼，要如何做，大人才願意傾聽他？要如何展現自己，大人才會看到？也許有些孩子便得做一些激烈的事情來吸引大人的注意，讓周遭的人看見他、聽見他。

如果父母很開明，本來就會聽孩子說話，或是給予孩子空白自主的時間，與孩子共同討論成長中遇到的困惑、選擇、矛盾、挫折等，我相信這兩種狀況都不會出現。

● 空白的冒險時間

給孩子空白自主的時間是一種冒險，大人要如何引導這件事情需要智慧，如何讓孩子學會規劃？

我來分享自己家裡的情況。兩個女兒還在使用注音寫字的時候，有個週末，我跟她們說：「今天我都不安排事情，你們可以自己規劃要做什麼。」

她們開始寫起計畫，妹妹以十五分鐘為單位來規劃，姊姊則以兩個鐘頭為單位做計畫。

你們猜，哪一種方式比較有利於執行？

妹妹很務實，她只規劃十五分鐘內可以做到的事情，然後每十五分鐘就完成一件小任務，你會看到她很忙碌的每十五分鐘要完成一件小事。反觀姊姊，她規劃兩個鐘頭做一件事，原本以為時間很長，一定可以完成任務，結果兩小時太長了，她不時偷懶、發呆、注意力不集中，結果最後放棄了她的計畫。

我從姊妹倆規劃事情的方式來思考，發現我讀書時做計畫也跟妹妹一樣，會規劃得比較明確可行，但也會規劃一段留白的時間，來應付突發狀況或是沒處理完的事情。孩子也需要留白的時間。大人把孩子的時間排滿，他很容易每一件事都做不完，或是眼見時間快到了，而事情根本做不完，最後變成放棄，乾脆不做了。

孩子不懂空白時間的道理，因為他的行程都被大人安排好了，連準備國中會考或是大學學測，包括老師、父母、補習班老師都幫他安排好今天讀這科、明天讀那科。他從來無法也不需要幫自己規劃時間，這樣日後出社會是無法獨立的。此外，如果大人毫不放手，很有想法的孩子一直被安排，他也會感到受挫，這是十分嚴重且不得不正視的事情。

事實上，很多大人之所以把孩子的行程排滿，主要是因為自身工作很忙，自己的行程滿檔。一看到孩子沒事做，就會開始焦慮，總擔心孩子「閒著」，或擔心孩子會不會「沒有努力」，於是忍不住動手把孩子的時間塞滿。

大人想幫孩子安排之前，應該先跟孩子溝通，我常問家長：「這是孩子真正需要的，還是大人自己想給的？」

大女兒（姊姊）以前也是這樣，她中學時有些科目成績不好，我問她需要安排補習嗎？她說不用。原因是她認為補了也沒用，而且上補習班之後，她就無法自由安排時間了。我尊重她的選擇。直到有一天，她主動跟我說想要補國文，因為她自己找不到讀國文的方法，需要去補習班吸取好的學習方式。補習之後，模擬考成績在選擇題方面的表現確實提升了，但最後學測時，選擇題仍然考不好，只有作文考好了。

因為「補習」並不是唯一的學習解方。

補習班教學的方式是教「技巧與撇步」，對真正的理解沒有幫助，而寫作要求的是有觀點、有想法。我們平常在家看電視新聞會聊天討論，鍛鍊孩子對社會、對事件有自己的看法，因此女兒平常點滴累積的觀點與想法，在學測作文時便展現出來了。

● 把時間花在值得努力的事情上

我認為，日常生活中所有的人事物都是學習，並不是只有讀課本裡的知識才叫學習。

家長如果只把「學習」定義在課本中，當然沒看到孩子打開課本就會焦慮。假如有些孩子在天賦上學習困難，比如說數學，他聽一次、兩次、三次就是學不好，為何還要一週七天排滿數學課？只要給他基本的學習量就好，多餘的時間讓他自由學習感興趣的學科或才藝，比如他喜歡英文，就讓他多上英文課吧，別剝奪他的興趣與熱情。

許多家長很少讓孩子把時間用在學習自己感興趣或是能看到自己優點的課程，反而一直把時間花在他們沒興趣又容易有挫折的課堂上。「教育」容易陷入一種惡性循環，那就是家長或老師讓孩子花費大量時間不斷確認自己的缺點，透過學習那些討厭或不擅長的學科來加強自身的挫折感，這種時間運用錯置的方式，將對孩子帶來深遠可怕的影響。

孩子有些學科讀不好，家長應該要觀察他的學習過程，看他的困難點在哪，也鼓勵他與同儕、老師或父母討論。討論的目的不是要得出標準答案，討論的目的是要發現困惑、經歷錯誤並解決問題，期望獲致真正的理解。家長應該把「學習」這件事的範圍擴大，不只是學科上的學習，而是相信孩子做的每件事情都對未來有幫助，這樣就能想像，哪些事情不是浪費時間，家長不需要過度焦慮。

在孩子國小與國中階段，因為所有學生都經歷相同歷程，也以同樣方式進入下一個階段，以致於大家過度在乎排名比較，卻忽略了愈往後面的階段愈需要獨特性，如果沒有在前面的階段鼓勵孩子覺察自己、發現自己與欣賞自己，最終不僅不知道要將時間投注於哪些部分，還可能浪費更多的時間選擇了沒有興趣的學系。

教改常說要減輕孩子的壓力，但往往愈改壓力愈大、課程的種類愈多，哪些東西要排進學分表是個角力的過程，每一科都希望能排入學分表，最好每年都有。我們一直沒有減少東西，一直在加東西，孩子就得承受這些後果。

比如現在教改說科技很重要，但其他科目還是存在，對孩子來說，「課程節數減少，但是課程種類變多。」學分塞很滿之後，學校又說社團活動很重要，多元體驗也很重要，一直往上加，假日也有活動，寒暑假也有營隊。這些安排是從大人的期待出發，還是站在孩子的發展來思考呢？

不少人到了職場上才開始學習安排時間，規劃如何達成組織目標，甚至進修學習如何思考，其實這些學習應該在孩子成長過程中安排進去，而不是離開校園後，到了職場上才措手不及，發現自己需要增強基礎做事能力。因此，儘管孩子身處校園中，也不應該只強化「課本內的學習」，這些課本內的學習很容易對於未來人生沒有絲毫幫助，反而陷孩子於職場或人生的泥沼與困境中。

生活本身無處不可學。學習是生活的一部分，所以大人也要認知，學校與生活是一致的，不應該在學校學的是一套標準，回到家後面對父母又是另一套標準。孩子若沒有內外一致性，未來面對困難，他很難判斷要採用哪一種思考模式。大人很少幫孩子想到，平常生活中的各種安排，以及學校的學習，都是在培養孩子一致的價值觀與人生態度，也是了解內在、理解世界的機會。很多

三、四十歲的人，還不知道自己在做什麼。他每天都不快樂，抱怨自己的工作，卻不設法改變，一直待在不喜歡的地方怨天尤人，因為他不知道往前的人生還可以做些什麼。這就是因為他之前缺乏一致性價值觀的養成，以致於無法真正想清楚自己要的是什麼。

● 信任孩子，放手讓孩子當主人

我常跟年輕人說，你可以停止抱怨，想出解決方法，或是離開這個讓你不斷抱怨的地方，因為這是你可以選擇的事情。你不能選擇的是為何老闆這麼討厭，那是老闆的事情，抱怨無法改變他，抱怨也無法改變同事為何是豬隊友。

但如果孩子在成長過程中沒有這樣的經驗，他遇到困難只會覺得「這件事情應該有人幫他解決」，因為從小到大，大人都幫他把生活安排好了，學習中最困難的考試測驗，大人也教他如何規劃學習進度，或是協助孩子找到名師、名補習班。因此，到了職場上，他便自然會想：「為什麼沒有人幫我解決這個問題？為何老天爺沒有掉一個完美的工作下來？」在他的成長過程中，遇到困難或不想做的事情時，就是要賴，也不會有太多大人指責他，但是出了社會不同，很多事情不是道歉就能解決。

如果孩子一直沒有機會去感受「自己做每件事情」，這件事情應該注意什麼、如何投入。孩子還來不及感受自己與事件之間的關係，大人就忙著要孩子趕緊處理事情，最後就會淪為只是把事情做完，而孩子無從感知這件事情於他的意義是什麼。慢慢長大後，他將對社會上所有事情都無感，因為他在成長過程中沒有機會去感覺。我們養出很多無感的人，對社會來說是很危險的情況。

我看電視新聞時，偶爾會叫女兒來陪我一起看，然後一起討論事件的意義，也可以傾聽孩子的想法與觀點。孩子對社會的感受力，很需要家長花時間引導溝通，不可能期待孩子在學校培養這些能力。家長也可以把工作上遇到的困難拿出來跟孩子討論，聽聽孩子怎麼分析事情，目的不是聊天，而是透過討論事件，提供孩子學習的機會，把學習範圍擴大，你就不會覺得孩子看電視是浪費時間，也不會認為聊天是浪費時間。

大人其實都知道，課本內的學習只能讓你進一所好大學，卻無助於未來。好的學歷可以找到第一份工作，但好的經歷才能找到第二份好工作。大人是過來人，非常清楚職場很小，做人做事的口碑比學歷來得重要，家長在職場內身經百戰，非常了解社會如何運行，必須思考如何引導孩子，讓孩子不局限於課本內的學習。當然這也必須是「有自覺的父母」。很多父母在工作崗位上對很多事情無感，遇到問題也不覺得自己應該要解決，或是不會思考更好的解方，從來便不太在意自己的人生，每天就是準時上下班而已。如此「無感」的父母，如何能教孩子「有感」呢？

很多人沒有在「過日子」，他們只是每天按照劇本走，對生活沒有太多感覺。有些父母會在我面前討論股票，他們的話題充滿股價與買賣，我相信他們在孩子面前也是如此，而孩子感受到的就是「股票、錢很重要」，然後家長討論完股票後，轉頭對孩子說：「要懂得關心他人。」關心股票的父母期待孩子關心他人，這種要求對孩子來說，難度實在太高了，因為他沒看到父母關心他人的示範，無從學習起什麼叫做「關心他人」。

現代人必須懂得讓自己停下來稍做休息，並思考你做的事情對別人有沒有幫助、對自己有沒有意義，否則只是每天忙忙碌碌，你的人生究竟是什麼呢？

我非常期望父母能夠放手，給孩子一些自主的空白時間，讓孩子練習自己安排規劃。不要把孩子的行程塞滿。你現在擔心孩子沒事做，把他的時間都塞滿各式學習，等到孩子長大後，抱怨孩子都不出門、不交朋友、對什麼事情都不關心，也不培養自己的興趣。我想對這些抱怨的家長說：你以前把他管成這樣，一切幫他安排妥當，他當然就沒有勇氣自己去冒險。如果不樂見孩子長大後成為啃老族或凡事依賴父母決定，那就及早放手，讓他學習當自己的主人。

2 撐起孩子成長的空間

切忌成為孩子成長的天花板

往往，我建議父母放手讓孩子自己安排時間、自主決定學習內容時，不少父母仍會憂心：

「這樣是不是過於放任？」

「孩子還小，不知道自己需要什麼，也許不知道應該做什麼？」

但我認為，所有的事情都有其背後代價，你讓孩子從小學習做自己的主人，自己決定如何選擇，然後自己承擔選擇後的代價，他才有機會成長。你不能既不讓他做選擇，又要求他長大後獨立自主；又或者他做了錯誤的選擇，而你幫他買單他應該付出的代價，那麼他長大後就只會等著別人幫忙收拾殘局，或是他不知道所有的選擇都有代價，只懂得耍賴。

● 孩子要承擔自己成長的責任

父母要幫孩子撐起這樣的空間：讓孩子自己做選擇的空間，負起應負的代價，讓孩子對自己的人生有主見，對事情有自己的觀點與想法。很多父母不讓孩子有這樣的空間，源自於對孩子沒有信心，但通常對孩子沒信心的父母，對自己的人生也欠缺信心。父母若對教育的理念與想像有自信，就會支持孩子，幫他撐出空間，讓他可以安心的經歷生命中所有過程，孩子最後會用成果來證明你的教育理念是正確的。

當然，父母對孩子有信心，不代表孩子的人生就能一帆風順、事事順遂，孩子在人生中還是可能會遇到困難、會受傷受挫，但他們可以心安理得的說自己做這些事情的意義是什麼，也會勇敢去做有意義的事情。

大人害怕給予自由是否就是失控，所以想幫孩子安排打點人生的一切。大人喜歡訂定規則，所以孩子做事情就是先核對規則，只要沒違反就可以做。但我覺得應該要訂大原則，而不是實施細則，比如這樣的大原則：「要能夠體諒別人對你的關心。」

孩子做事要按照這樣的大原則來執行。因此，我從來不過問孩子幾點回家，但孩子自己會注意，假如晚歸必須跟媽媽報備，因為這是體諒別人會擔心的做法。孩子在體諒別人的大原則下，他留意的就是：「假如晚歸，家人會擔心，要能夠體諒別人的關心，不要讓家人擔心。」在這樣的前提下，他才做出報備的舉動，而不是因為家長明訂小孩幾點要回家。

訂出這樣的細則，雖然很好管理，孩子晚於幾點就會挨罵，因此要注意幾點得到家。但是孩子很難體會這種原則的背後涵義是什麼，然後孩子也會出現因為特例而無法準時回家的狀況，進而演變成家長是否要破例，破例後又要如何跟孩子溝通不能常常破例，衍生出更多親子關係的問題。

我還訂了一個大原則，就是：「對人要有禮貌，要尊重他人。」國、高中階段，女兒會主動問：「我可不可以做這件事？」當然她們知道我多數不會阻止，假如我說不可以，她們就會展開說服的過程。但這一切的前提是她們對我的尊重，雖然我很開明，跟女兒溝通是把彼此放在平等的位置上，但我仍是她們的父母，必須尊重我。

● 說謊的人生，騙不了自己

我希望培養孩子當自己的主人，為自己負責。跟他人的關係就是在這兩個大原則之下，要體諒別人，要尊重他人。所有的事情都不能違背這兩項原則。孩子的人生很長，生活中有很多事情擺在他們的眼前，他們要學習揀選自己想做的事情，而自己想做的事情必須禁得起這兩個大原則的考驗。

小女兒（妹妹）曾經發生一件事，有次週末，老師發了約十張測驗卷當作業。我問她老師這樣安排的原因，就如同不少老師的想法，是希望學生能熟練習題。妹妹已經會了這些課程範圍，所以不願意把時間用來反覆練習，而且兩天的假期在這樣的安排下，將使學校其他科目的作業都無法完成，更不用說那些好不容易等到週末真正想做的事情。在與妹妹多次溝通與確認後，她決定週一到學校時，跟老師坦承沒寫作業，也承受沒寫作業的代價，並向老師反映她對這種作業安排的想法。

妹妹告訴我，這樣的作業量，總有很多同學也不寫，然後早上到學校後就開始抄其他同學的作業，要不然就是選擇題亂寫數字。她說：「我為什麼要做假？」當然，這樣的成長過程，她遇過願意理解她並與她討論的老師，也遇過不願意對話的老師，但除了對於不合理作業的抗拒，妹妹對於學校安排的學習多數是願意投入的。

她會有這樣的舉動與想法，來自於我常跟孩子說：「你可以說謊、可以騙很多人，但騙不了你自己。最後一定會有獨自一人的時候，你無法對自己說謊。獨自面對自己時，可不可以安心？」所以妹妹寧願因為沒寫作業被處分，也不願意亂抄亂寫，不想當一個造假的人。

說謊造假，不可能等到孩子大了才教育，從很小的時候，父母就要讓孩子知道，生活中不可以存在欺騙。當然，孩子到校園或出社會後，會發現怎麼有這麼多造假的人？怎麼有這麼多人每天說話充滿謊言？但孩子會知道，說謊造假是不對的，他無法尊重認同說謊造假，也不會變成那樣的人。

相同的，當進了學校，或出了社會，面對這麼多的說謊與造假，大人要如何讓孩子堅定說謊造假這樣的行為並不正確？那就是父母是否始終在孩子身旁以身作則。以前我們都會說，孩子是看著父母的背影長大的，父母的言行舉止深刻影響著孩子，當父母對孩子說謊造假，然後卻教導孩子不可以說謊，孩子當然不認為「說謊造假是錯的」，因為他的父母每天都在說謊，父母言行不一致，這樣的價值觀無法深刻烙印在孩子心底。

即使他上了學，老師與學校很認真的灌輸孩子正確觀念，但他回到家，面對說謊的父母親，他的心底將遭受極大傷害，然後他開始說服自己，欺騙別人不是太嚴重的問題。因為不想討厭父母的緣故，他會把父母的缺點合理化。幫父母找藉口，成為孩子最舒服的姿態。這樣的孩子到了社會上，也可能成為說謊造假的人，並且認為這些都是不得已，甚至是聰明識時務的做法。然後，順理成章的成為父母親那種大人。

孩子常說，不想成為自己討厭的那種大人。那是孩子對於大人言行不一致的反抗，他們在家裡看到的模樣與學校教導的應當模樣，是兩回事。所以，父母問我如何教養孩子？我認為，你得先當一個言行一致的大人。

●自我控制的自由

真正的自由是可以「自我控制」的自由。在孩子很小的時候，就必須在生活過程中，讓他知道做人處事的底線，有哪些紅線不能踰越，有些是他自己犯錯後學習而來，有些則可以透過別人做錯或觀察社會時事討論而來，讓孩子明白哪些事情不正確。孩子長大後，父母就可以慢慢放手，在孩子學習的過程中，一點一點的把自由給他，他也會慢慢理解如何善用自由。

教育學家杜威說：「教育的目的應該是發展心智的自由。」我們必須使孩子的心智得以開放，能尊重各種觀念，並且能以開放的心胸面對不同立場與群體的各種觀點。心靈上能獲得自由，才能對所有事物合理分析，然後判斷下結論，這樣的孩子才能明辨是非。

能夠澄明的運用心智，才能稱之為自由的心智，才能進一步討論培養跟著世界轉動的能力，比如語言能力、資訊能力、閱讀理解能力等，這些對應世界變化的能力都屬於技術性的能力，它會不停與時俱進，不停轉變流動，如果父母只想要孩子學習這些技術性的能力，那會變得什麼都要學，一直追著時代跑。我反而認為，愈是變動的時代，愈要踩在穩定的磐石上，面對亂世，愈要穩定。而父母要給孩子穩定的磐石，就是讓他擁有自由的心智。

因為，「自由」代表信任。一個自由的人，就是充分被信任的人。為什麼社會給所有人自由？因為我們信任人基本上不會踰越法律的規定，法律是社會的最低準則，我們信任人不會去做這些事情，當踰越最低準則時，就必須接受處罰。相同的，我認為父母給孩子自由，就是信任孩子不會踰越某些界線，而父母也要讓孩子明白：「你能擁有充分自由，是因為被信任。」被信任對一個人來說是多麼重要，而當失去他人的信任，會是人生中最大的損失。

父母帶孩子去反思，並且自我覺察，什麼是自由？現在有很多狀況是，透過壓迫別人的自由，來擴張自己的自由，這是合理的自由嗎？在團體生活中，如何才能運作得最好，每個人要各退一步，都要犧牲一點自由，才能得到整體的最大自由。

我給予兩個女兒極大的信任，我們在家裡都能獨處，各自做自己的事情，有時候女兒自己在生悶氣，我不會急著問：「怎麼了？快跟媽媽說。」我會任由她自己消化情緒，等到她想開口時，再好好聽她訴說。父母總忍不住關心，會想幫忙孩子化解問題與情緒，或是心疼孩子困在煩惱中，急切的想告訴他們解決方法。但我認為，能獨處的人才是能做大事的人，假如他獨處思考能解決問題，就讓他自己解決；假如解決不了，找父母商量，父母只要讓孩子知道「我永遠在這裡」就可以了。

愈能夠安定自己的人，在時代變化中愈能穩定自己的腳步，也愈能亂中有序的找到人生的方向。而這樣的練習，都需要父母在孩子成長過程中陪伴養成。尤其，未來的競爭力已經不是這一代或是上一代可以指出明路，父母切忌成為孩子的成長天花板。父母可以協助孩子在探索人生的過程中找到理想典範，以陪伴引導、給予建議的方式引領孩子成長，而不是樣樣妥貼安排，讓孩子失去練習自主的機會。

3 孩子不該是父母的複製品

你為孩子指引的明路也許反而是遠路

由於時代變遷快速，數位化、全球化讓世界變得難以預測，社會長期討論要如何培育下一代的競爭力，並且分析下一代需要具備何種競爭力，才能在國際舞台上有所發揮。

但我想問的是：大家聚焦的是「結果」——「競爭力」——是否產生，卻不在意「過程」——「學習」——是否發生，假如「學習」根本沒有發生，社會要如何期待競爭力？

追根究柢，孩子的學習為何沒有發生？

孩子為什麼不想學習？

●四大原因，讓孩子不想學習

我認為最根本的原因是很多孩子不認為自己可以學習。許多孩子從小到大遇過的大人總嚴詞批評：「為什麼你連這個都不知道？」或是孩子一說什麼，大人就回應：「錯！」或是質疑他：「為什麼你會這樣想？」慢慢的，孩子在潛意識裡覺得自己不ＯＫ，也愈來愈不願意說出自己真正的想法。因為每次說出真實想法，迎來的都是否定和責罵。孩子得花很多時間思考：「你到底期望我說什麼？」

孩子不認為自己可以學，他會把自己隱藏起來，找各種理由告訴自己「做不到」。一輩子可以傷害孩子最深的大概就是父母或老師，因為我們是孩子的重要他人，在他成長過程中有很多時候只講一句話就傷害了他的心，因此我們在跟孩子對話的時候，要特別留意自己的表情與言語可能造成的影響。

第二個原因，孩子不認為學習對他有什麼意義。學習過程中，從不理解到理解，才是最重要的。學習的過程除了父母與老師，還有同儕，當孩子發現自己的想法可以獲得同儕聆聽與肯定，他會不斷補充自己的想法，一同為了彼此的理解而付出努力。

每個孩子的獨特想法對於大家的學習都是有意義的，老師要如何引導他們思考並讓他們說出來呢？我在教學現場很有感觸，往往，會啟發班上最多想法、最多點子的，通常是成績較差的孩子，因為他的想法跟大家最不一樣，他會想到許多「天外飛來一筆」的事情，而這常常是攸關理解的關鍵問題。這樣特別的孩子卻常在遇到大人時受挫，父母或老師會以否定的語氣質疑他：「你到底在想什麼？」

我的做法是持續發問，問其他同學怎麼想。真正學懂的孩子可以禁得起發問，不管什麼疑問都可以回答；如果回答不出來，那麼大家也可以學到，未來面對他們以為是胡亂提問的同學，其實不必急著否定。我會把握這樣的機會，讓同學分組討論，一起討論這個孩子的發問，最後會發現全班因為這個發問而更理解課程內容，我便會謝謝這個學生的發問。這樣的結果會讓多數孩子更想與這個發問的學生相處，因為他會啟發大家思考，而這個發問的學生也不會害怕發問。

我總是珍惜課堂中願意說出自己不會的孩子，當這些孩子屢屢在成人身邊受到挫折，又無法在同儕間獲得認同，他要如何肯定學習是有意義的？

這個經驗來自我的求學歷程。我不是一個喜歡重複讀書的人，讀過一次後就很難再讀第二遍，我的方法就是去找一個還沒學會的同學，對他說：「我來教你。」當他問我問題，假如我的回答卡卡的，不甚流暢，我就知道自己還不夠了解，沒有學得通透。就這樣，我透過教同學的過程來重複練習。雖然我的求學過程一直很順利，學習成績也很好，但我有很多頓悟都是因為跟同學討論才發生的，讓我更相信所有人都在彼此學習過程中是重要的存在。

第三個原因，孩子不知道為何要學習？成績好的孩子，他們的困擾通常不是書讀得好不好，而是他不知道為何要做這些事情。這其實也是我從小最困擾的事情，我花很多時間思考：「人為什麼要活著？」大約八歲就開始想這件事情，甚至直到現在都還在思考。這些孩子想的不是事情怎麼做不好，不是數學不會解題、英文單字背不起來這類學科問題，相較而言，這些學校的學習對他來說太容易了，他們想的是為什麼要做這些事情、為什麼人要學習，這類哲學性的反思。

最後一個原因，還有一種孩子的不想學習，來自於無感。孩子從小被大人安排好了，對世界上的事情沒有欲望也沒有需求，你叫他做什麼，他就做什麼。我覺得這才是最可怕的，因為他的生命動能已經不見，連頂嘴都不會。這個原因最不容易被發現，卻又普遍存在且危險。

● 現在的競爭力，不是未來的競爭力

父母可以回想自己求學的時候，當年不太使用「競爭力」這個詞，上一代

只會要你去當醫生、當律師，或是上大學。我人生最迷惘的時刻就是考上台大的時候，我當時想：「我已經考上台大了，已經做到大家期待的事情了，接下來我還要做什麼？」

如果當年的競爭力是考上大學，那跟現在的競爭力有什麼差異？

再進一步思考，現在流行寫程式，你送孩子去補習班學習寫程式，那麼十年後的競爭力還是寫程式嗎？我相信到時候可能會出現「寫程式ＡＰＰ」，你想寫什麼程式，ＡＩ就自動幫你寫好了，甚至可以做出晶片。那麼你現在送孩子去學習寫程式，背後的原因到底是什麼？你是否認真思考過你的目的？如果讓孩子學習這些事情不是「永久的方針」，為何要看得比孩子重要？

我認為，沒有永久保持不變的競爭力。那教育到底要做什麼？教育應該做的是「回應孩子當下的問題」。不需要重複父母過去的成功道路，複製上一代的經驗，不能保證下一代的安穩成功。

我認識一個女孩，她從小喜歡畫畫，喜歡做一些跟藝術設計相關的事情。

但她的父母是公務員，認為軍公教人員的生活比較穩定，由於她大學讀英文相關科系，出國讀書也跟英文有關，因此回國後，父母希望她從事相關工作，這時候她才坦白：「我不喜歡教書，因為我沒把握可以站在小孩面前講課，也不想到外商公司上班。」她跟父母溝通，說自己最想做的是能跟人合作、與設計相關的工作。

我找她來幫我工作，下班後她就去學畫畫，後來只要是需要美術設計的工作，我都交給她去做，讓她在工作裡頭找到自己有興趣的事情，因為只要是她有興趣的事情，她做出來的成果會比你訂的標準還高。有時候想想，這個孩子一直走父母幫她決定的道路，壓抑著從小到大的興趣，結果繞了一大圈，最後還是無法放棄自己的喜好，那麼等於過去許多選擇與學習都有點白費了。父母一直幫孩子篩選最安全、最穩當的道路，但會不會反而讓孩子繞了遠路？

每個孩子的情況都不同，都是獨特的孩子，他們面對的環境與時代也不一樣。就算父母走過的路很安穩順利，也不代表孩子要複製父母的人生地圖。

我大概能理解父母的心情相當複雜，有一種情況是父母覺得自己走的這條路很順遂，希望孩子也可以這麼做，複製自己成功的人生。另一種情況是當年自己也不敢反抗父母，因此心中總有遺憾，認為另一條路更好，希望孩子可以走他理想中的另一條路，也就是把自己當年的遺憾強加在孩子身上，希望孩子能夠完成他當年的夢想。

● 陪伴或干涉，一線之隔

常遇見父母來問我，要不要送孩子去才藝班？要不要學鋼琴或其他樂器？父母要釐清：是希望孩子學琴，還是自己想學琴？學鋼琴是不是自己從小想學而不能得，現在逼著孩子去做？家長要時時刻刻提醒自己，希望孩子做某些事情時，要先釐清背後的理由。

我們對孩子的投資，跟投資其他東西是不同的，無法用金錢來計量，孩子的人生因為做了這些事情而產生多少價值，這才是重點。

我可以分享我家裡的情況。大女兒（姊姊）從小學鋼琴，她學了十年，學費算下來也不少，她也學長笛，後來又提到想學作曲。我曾經問她：「既然這麼喜歡音樂，要不要從事這一行，去考音樂班？」她認真思考，也跟兩個音樂老師聊了一下可能的職場生活樣貌，最後她發現不是她想要的生活方式，於是決定把音樂當興趣而不是志向。妹妹則是從小學畫畫，對美術很有興趣，我也曾經試探著問她：「要不要把興趣當成職業？」她竟然回我：「別想要安排我的人生好嗎？」

其實我只是試探問問，但馬上被她打槍，很堅定的不要我插手她的人生。大概也有些父母跟我一樣，有時候會猶豫：「我到底要不要多嘴？」、「我是在幫助孩子試探興趣，還是在干涉他的人生？」

很多情況有時候是一線之隔，我覺得父母只要回到關懷孩子的初衷去進行溝通即可。比如：發現孩子對音樂特別敏銳，可以讓孩子試試看學音樂，讓他摸索看看是不是他的興趣，而不是一下子就期待孩子成為音樂家般的嚴格訓練。很多時候，回溯起心動念便能得知父母是在「安排孩子的人生」，還是盡父母的責任「充分試探孩子的潛能」。尤其這個時代，凡事變化很大，孩子在學校學的，進入職場不一定適用，很多能力都是進入職場後才學習。所以，探索與學習，不一定如父母所想像的進程：現在學什麼，以後就能成為該領域專家。時代已經不是這樣運轉了。

我教過一個學生，有一次他突然打電話給我，說因為自己的成績表現不好，媽媽很難過，關在房間裡哭。他問我該怎麼辦？我跟他說：「你不能怎麼辦，媽媽必須自己走出來，你只要跟媽媽說：我會在外面陪你，有什麼事可以跟我說。」

這類孩子的辛苦就在這裡，父母對孩子的依戀很深，幾乎把自己的人生跟孩子綁在一起。很多父母沒有自己的人生，因為他們從小到大也沒想過自己的人生是什麼，求學階段只知道讀書，進入職場後就拚命往上爬，等到有孩子了，就把生活重心轉移到孩子身上。然而，當父母把孩子視為人生中的一切時，反而對孩子是很殘忍的事情，孩子不只要過自己的人生，還要背負父母的人生，孩子的一舉一動，變成影響父母快不快樂的源頭。可想而知，這類孩子的壓力會有多大。

我曾試圖跟這位母親溝通，希望她能理解孩子的心情。但這位母親聽完只跟我強調：「老師，你不用跟我說這些，我什麼都知道，因為我是這個世界上最了解孩子的人。」聽完這番話，我大概可以理解這個母親心裡的脆弱，她不停跟大家證明，她可以掌握這個孩子的一切，透過這個孩子對她的完全順從，獲得掌控者的安全感。

相信這類父母為數不少，因為我遇到很多九〇後的孩子，這群年輕人大多不喜歡父母的教養方式，他們總是按耐著自己心中的想法，默默接受父母的安排，而一旦等到他們能夠獨立，就會選擇自己想過的人生，然後一心想證明給父母看，自己的決定是對的。

● 親子面對面，演說還是傾聽？

過去都說孩子看著父母的背影長大，但現在的父母想當孩子的朋友，親子關係是「面對面」，不再是孩子仰望父母的背影。然而父母可能要思考，和孩子面對面溝通對話時，是否花時間傾聽孩子講話，還是單方面對著孩子演講自己的生命經驗？親子面對面時，最重要的是傾聽，從孩子的感受去想像他的遭遇與心情，這樣才能達到真正的對話。現在的父母很多時候都在講道理，對著孩子發表演說，然後還以為自己有跟孩子溝通互動。

親子互動不在乎時間長短，重要的是互動過程中的品質。只要每一次的互動品質都是好的，孩子就會渴望一直跟父母互動；但是如果每次互動都不愉快，即使互動頻率很高，也無助於親子關係，孩子只會更避免與父母互動。我曾在某次演講時說：「孩子可以跟父母回嘴。」有父母很擔憂孩子因此受到鼓舞，處處回嘴、不聽指導。

我的想法是，當孩子跟父母回嘴，表示他有自己的想法，父母不應該把孩子的意見壓下去，而是要去傾聽他想講什麼，然後跟他討論。這個方式可以協助孩子釐清他提出來的論點正不正確，讓他自己決定要不要堅持這樣的想法，而不是一味壓制孩子，不讓他有自己的想法。

當然，我說「孩子可以跟父母回嘴」，不表示孩子表達自己的意見時可以不注意禮貌。我的女兒情緒一來，對我頂嘴時，我會提醒她：「你可以回嘴，但要注意說話的口氣，我有用這種口氣跟你說話嗎？」我也會跟孩子說：「假如是要發洩情緒，我會聽你發洩，但我不一定會回應。假如回嘴是為了討論，就要注意自己說話的口氣，我會跟你討論。」

反之，父母也不可能完美、毫無負面情緒，有時候跟孩子回話也難免充滿煩躁，就像如果我的工作很忙、很累，或是情緒很糟的時候，我回到家會先跟孩子表明：「我今天的情況不好，暫時無法回應你們任何問題，如果有事情要跟我討論，請先讓我休息一小時。」然後我真的會回到自己的房間「關機」一小時，等休息過、收拾好情緒後，再走出房門面對孩子。

父母可以讓孩子理解父母也是有情緒的，更要讓孩子知道：「別人沒有義務承受你的情緒。」要相互提醒這些事情。有時候我跟孩子開玩笑，結果孩子聽了不舒服，她們會坦白跟我表達，我也會道歉，表示之後不會開這類玩笑。

父母與孩子都是獨立的個體，有很多狀態彼此不理解，因此要懂得表達溝通，並且尊重彼此感受。親子之間怎麼互動，孩子出社會面對別人，就會是這種互動方式。我們不能讓孩子複製我們的不成熟，那就必須在與孩子互動時就讓他真實體會與他人互動時該有的語言、同理、尊重等，切不可因為是自己的孩子就對於他們不適宜的互動方式過度包容，也不可將他們視為小孩而看輕他們的想法，或是壓抑他們而使其無法適切的表達與溝通。

4 父母是孩子獨特性的守護者

讓孩子找到自己，他才能安身立命

父母想要讓孩子跟上時代，面對未來的混亂多變，能給孩子最大的禮物就是：一致性的價值觀與思考方式。這是一個人面對混亂的未來時，仍舊可以保有獨特性，不被混亂沖垮生活的能力。

這個世代，知識已經可以在網路上大量蒐集。父母多半早已明白，我們無法教孩子「未來的知識」，但父母要如何扮演孩子的守護者與引導者？

我認為，必須培養孩子勇氣，並且盡可能保留孩子原始獨特的好奇心，讓他擁有探索自己的能力。

● 保存孩子的好奇心與勇氣

該如何培養孩子一致性的價值觀與思考方式？每一個父母的價值來自於，培養出來的孩子能為這塊土地做多少事、為國家做多少事，而不是孩子的成績有幾分。我認為，孩子的今日，都是大人的責任。

孩子們的生活顯得「不真實」，他們每一天都不是真的在過日子，學校有許多學習是脫離現實的，來學校很多事情都不能做也不會發生。如果長大後要真正有能力面對生活，就不會有人什麼都安排好「安全」與「標準」程序，讓生活「零失誤」，或甚至異常順遂；實際上，真實的生活總會遇到需要自己判斷、思考各種可能、嘗試錯誤等情形。

學校生活變成一個刻意創造的時空，許多經驗在未來生活中並不適用。孩子如果沒有真正生活過，他離開學校後不知道自己要什麼，不知道要怎麼生活，不知道如何因應生活的挑戰，也就不讓人意外了。好不容易有空，就開始滑手機，跟我們大人一樣，吃個早午餐、滑個手機、逛個街，一天就不見了。多數大人、父母也不知道每天要做什麼，孩子的行為來自父母的示範，你希望孩子不要滑手機，做些有意義的事情，但你是否也一得空就滑手機？這是整個時代的悲哀。

當父母能夠自覺自己是這樣時，才有機會讓孩子不要成為這樣的人。很多人反對改變，是因為沒有產生自覺，除非發現自己的生命有些缺乏，才會去思考怎麼應對時代，陪伴孩子成長。

大人可不可以理解一件事情——教育就是生活，生活就是教育？教育與生活應該是一致標準，孩子不應該用兩套標準在面對事情，你不能教孩子時用一套標準，自己面對生活時又使用另一套標準，當大人採用兩種不同的標準過日子，就會讓孩子的生活產生混亂。你讓孩子的生活與學習有一致性的價值觀與思考方式，孩子才會成為想法很清楚的人。

要培養孩子具備一致性的價值觀與思考方式，父母必須自己先能夠做得到，父母自己的言行舉止應具一致性，不會對孩子說一套、做一套。父母的言行等於教育的示範，孩子都看在眼裡，當父母用兩套標準在生活，孩子就難以形成一致性的價值觀與思考方式，他會認為父母的話是虛假的。

生活的一切都是教育，父母的言行舉止更是教育的關鍵。我認為，除了父母的言行要有一致性，更要保存孩子與生俱來的好奇心與勇氣。

好奇心與勇氣是協助孩子探索自己的重要根基，做為父母，你要如何捍衛孩子好奇探索的權利？你要怎麼引導他討論現象背後的意涵？很多父母跟我討論要不要送孩子去才藝班，我總認為還不如多花時間跟孩子對話，讓孩子有空白的時間去想奇怪的事情。

成人的世界對太多事情想當然耳。每當孩子發問，你就質疑孩子：「你怎麼會不知道？」他的人生有長到什麼都應該知道嗎？因為不知道，才有學習的機會。每個大人也不是一開始就什麼都懂，大人總忘記自己也是從犯錯中慢慢學習到許多事情，最後才長成一個懂得合宜應對社會的人。

孩子好奇發問時，不要急著評論與判斷，應該多問幾句：「可以多說一點嗎？」或是反問：「為何會這樣想？」鼓勵孩子多說多問。

大人應該盡可能讓孩子的好奇心得以發展。

● 勇氣是成長的關鍵要素

我發現很少父母談論「如何培養孩子勇氣」，我覺得勇氣才是孩子養成中最重要的事。勇氣是成功者的必備條件，也就是，這件事情從來沒人做過，但你願意去嘗試。有了好奇心，但最後無法勇敢嘗試，這很可惜，也許很多孩子欠缺勇氣，關鍵在於這不是他的成長經驗，他可能曾經鼓起勇氣嘗試，但是結果卻不好、被否定，導致他不覺得「勇敢是值得擁有的特質」。很多事情勇敢去做了，也許失敗，但是父母可以肯定孩子，讓孩子知道：雖然失敗了，但勇敢嘗試是值得肯定的。

父母應該時時刻刻提醒自己：「你了解現在環境的本質嗎？而孩子在這個環境中的所在位置又是什麼？」父母要擔任孩子的守護者與引導者，就必須理解現在的環境，才能知道自己可以為孩子做些什麼，以及你能做到什麼程度。因為有些事情你可以盡力做，而有些事情在某個階段，你只能讓孩子不斷跌倒、嘗試，父母必須忍住不出手幫忙。

孩子也許無法解決所有困難，但我們可以帶領他去思考，過程中他也會愈來愈認識自己的個性與自己的極限，然後慢慢接受自己的個性，也接受自己的極限。父母只要讓孩子知道：不管發生什麼事情，父母總是在那裡，不會因為一次挫折失敗，就失去父母的愛。

勇氣也出現在孩子們探索生命與生涯的過程中。很多人問我怎麼協助孩子探索，其實我做的只是給孩子各種嘗試，以及與他們對話，還有觀察他們有什麼特質。孩子喜歡什麼、想就讀什麼科系、未來想要往哪裡走，你不可能不知道，除非你的孩子在你面前從未表現出真正的自己。

大女兒（姊姊）從小就充滿對人的關懷，而且所有難過的情緒都來得快、去得也快，一下子就能哭得唏哩嘩啦，但是過三分鐘就好了，負面情緒可以像開關一樣切換自如。她一直很關心特殊生，從兩歲上律動課時，就特別關心班上的特殊孩子。姊姊本來想做職能治療師，為特殊孩子做治療課程。但學測沒考好，最後選擇了大一課程最相近的護理系，希望能有轉系機會。當時準備申請大學，她說沒有把握能在面試時有好表現，所以選擇繁星推薦。

大三時，姊姊突然很有感觸的說，如果當初不要逃避面試，勇敢嘗試申請入學，其實有許多可能性，也不用繞遠路。這件事情讓她體會到，「面對選擇必須要有勇氣，才能得到自己真正想要的」，迴避了大學面試，便要花更多的時間才能走向自己的理想。

幸好，護理系實習期間，她也很快樂，工作雖然累，卻也深深感受到這份工作的意義與重要性。我認為這是老天給她很好的禮物，讓她在年輕時體會不同選擇，以及事與願違後的體驗。

現在的教育剝奪了孩子失敗的可能性，期待每次教育示範都是完美的演出。但人生本來就不是完美的，如果要孩子有好的未來，就要讓他早一點知道他這樣選擇、這樣決定會有什麼後果。

該怎麼讓孩子知道如何面對任何事情？可以設想過去經驗的關聯，透過過去經驗可以推測、預測，然後發現有差異時可以修正，這些修正後的經驗才能對未來有幫助。父母要盡可能讓孩子在成長過程中知道，「錯誤具有積極的意義」。

● 正視孩子的獨特性，協助孩子探索自己

學習或教育不只是在課堂上發生，也不只是學校與老師的責任。父母每天在家裡都可以做素養教學，真正與孩子對話。很多時候，孩子無意識的做出許多事情，其實父母可以刻意點出這些事情背後象徵的意義來讓孩子覺察。點出

意義後，往後孩子就會有意識的運用，這就會變成真正的素養能力。

很多人誤以為讓孩子探索自己，就是放任讓孩子自己摸索，直到孩子最後做出了選擇，父母才全盤否定：「你做錯了。」這樣孩子前面的摸索過程不就都浪費了？

父母應該在旁邊觀察孩子的摸索，並且透過提問讓他發現什麼地方是他沒注意到的，引導他將不同事情串連起來，並且發現其中的關聯，這樣的探索才有意義。

比如同理心的養成，當孩子遇到衝擊而難過時，除了理解他為何難過，也可以提醒他是不是上次班上或社團也有發生類似的事情？孩子當下就會理解，「啊，我懂了，為何上次那個同學也會哭得這麼難過。」他當下難過的情緒會變成下一次同理別人的養分。

父母嘗試傾聽孩子生活中的每一件事情，並且與他對話，便能發揮守護與引導的功能。每一次孩子發生的事情都不是巧合，你要把握每一次發生事情的當下，認真回應，每一次的回應都是讓彼此學習的機會，你要帶著他分析、解決人生問題。

比如，姊姊比起妹妹，常會出現人際關係的問題，起初我傾聽她的抱怨與痛苦，但當發生好幾次之後，我認真與她討論：「這不是第一次這樣，你有沒有發現，這一次跟上一次的吵架，中間有共同點？雖然跟你吵架的都是不同的同學，但發生的模式卻一樣？你有沒有覺得其中有什麼相似點？」

我這樣的提問，引導她沉澱下來思考：一連串看似不同的吵架，不同時間、不同的人，中間的關聯性是什麼？找出關聯性後，有沒有可能解決，避免下次再發生相同的問題？

放手讓孩子探索，並不是在旁邊冷眼觀察，讓孩子跌跌撞撞而不指引一條明路。有些可以放手讓他去犯錯、去思考，有些則要跟他討論，收放之間需要隨時調節。生活的全部都是學習，不只是學科。

父母每天與孩子相處，一定可以看到孩子獨一無二的特質。在孩子成長的過程中，你有很多機會看見他的模樣，你有沒有順著孩子的需要去安排，而不是執著於安排你要孩子走的路？找對一件事情，讓他參與，就可以改變孩子的人生。因此，父母必須思考要怎麼設計，怎麼幫孩子的生命做串連。

我認為孩子未來的競爭力是「自由的心智」。自由的心智並不是現在以為的放任的自由。很多學校說學生不懂得自我控制，所以校規才會這麼嚴格，但學校卻沒有想到，犯錯也是學生成長與學習的一個必要的過程，反而希望透過管理或是壓制學生，不讓學生犯錯，不讓他知道「放任需要付出的代價」，學生因此無法透過這些經驗進行反思與判斷，也就不知道什麼叫做「自我控制」。他只有出了社會，以為自己長大了，開始犯錯了，才會懂得；但出了社會所犯的錯，沒有人可以為他承擔，他是要付出代價的。假如在學校時，他無法面對這些東西，他就無法面對未來。只要孩子的心智是清楚的，能夠自我控制，就能因應外在的各種變化。

父母能給孩子最大的禮物就是「安身立命」，讓他們在混亂多變的未來，能夠不迷失自己。你不可能一輩子都幫孩子解決他應該要面對的所有問題，你必須讓他自己有能力解決，找到自己，他才能夠安身立命。大人也有自己要完成的功課，父母把自己的生命活出精采的樣子，孩子就會看著父母的背影，走出自己精采的人生道路。

PART 2

學校篇

教育，從信任開始

成人世界很愛看百分之二的不一樣，但我們有百分之九十八是一樣的，我們都具備共同目標與願景，我們相信可以做到更好。

當每個人都能放下個人的主觀詮釋，校長與老師便能建立互信關係，攜手創造理想的校園環境；老師也能相信學生學得會，信任學生有自主學習的能力，將學習的責任交還給學生。

1 校長，你的老師很棒

彼此信任，共同朝美好願景前進

「你對學校有什麼期待，你理想中的學校是什麼樣子？」每當我們談到學校願景時，常常只講到學生，對於培養什麼樣的下一代侃侃而談，對於學生的未來有諸多想像。但學校裡的組成也包含老師、行政人員，還有校長。學校不只是學生的空間，也是其他人的職場空間，其他成員也是每天都得在這個空間裡度過大半時間。因此，一間理想的學校是什麼樣子，應該有更多角度的想像。

二〇一四年我擔任台北市教育局的課程督學，二〇一五年與二〇一六年開始協助教育部高中優質化計畫，以及這幾年從事瑩光教育協會入校陪伴的工作，我很常與第一線教學現場接觸。每次入校前，校長或主任總謹慎的對我說：「校內老師對於課程沒有太多概念，每一次教改，老師的參與度都很少，怕你會有失落感或太失望，所以先讓你知道一下情況。」這種現象稱為「打預防針」，通常是對於自己或與自己有關的人事物沒有信心時，會預先說明，甚至刻意貶低，避免他人有錯誤期待。

● 那些我們應該共創的美好

瑩光教育協會從二〇一八年起，團隊便進入台灣各地各學習階段的學校協助，每當工作團隊第一次入校時，我們總是關心學校是否有願景、有理想的學生圖像，如果有，又是如何產生的。多數學校的願景與學生圖像可能是某一任校長遴選時所提出的，或是僅由校長或主任討論產生，很少有學校是讓學校所有成員共同討論。一群人在一起，未曾有過關於團體願景的對談，將導致各自為政、分工至上、流於細節，或甚至相互誤解。

當協會的夥伴入校協助時，我們總是希望能先做學校願景的共創。我們會引導老師思考：你心目中理想的校園是什麼，用畫圖的方式來說明對校園的期待。往往這個階段校長才發現，原來老師有許多想法，對於教育也有理想，甚至平時對立的老師們所提出的想法也都是相當接近的。共創願景後，這時大家才會一起思考：「現在的校園跟理想中的校園有多少差距？」

校長跟父母很像，他們很擔心外人失望，所以在協會入校前，校長先把醜話講在前頭，也凸顯心裡對自己人是否定的。這樣的情形或許將某個標準套在老師們身上，總是在比對哪邊不符合。然而，多數的時候，在與該校老師實際接觸後可以發現，老師對於學生、社區與學校狀況都有一定的了解，也有熱情，更有許多想法。校長的不信任與框架，可能因此忽略了那些對學校、學生、課程、教學或學習而言，十分重要的特質與優點。

這就是校園內的信任危機，當我們無法看到共事夥伴的優點時，會常常覺得哪裡不對勁，對很多事情不滿意，校長或主任難免會想：「與其交代給校內老師做，不如自己來。」但我想問的是，真的會發生「老師做不好」的情況嗎？還是校長或主任無形中讓這件事情發生？

我們引導老師擘劃理想後，就要反過來思考現實層面欠缺了哪些條件，該如何一步一步執行，達到理想中的校園？

曾經有老師說，他們很重視校園的氛圍，人跟人之間太冷漠，很少有笑容，如果多數老師都認同這項問題，也認為是當務之急，那麼各單位可以怎麼做？各處室與老師的往來要用什麼口氣說話、是否要多微笑？其實甚至可以推展微笑運動，我相信一年後就會不一樣。當一群人有共同願望時，大家一起做就可以改變學校。

也有很多學校老師擘劃「理想的校園」是希望養成自信快樂的學生，學生可以具備關懷與同理心，並且具備創新與實踐的能力。老師擘劃理想後，要怎麼放進課程？什麼樣的主題是我們所關心的？要安排學生做什麼事情？將這些依序放在課程中，老師就能跟同事一起朝理想前進。

有趣的是，我們總是發現孩子的樣子和老師很像，老師和父母一樣，漸漸讓孩子變得像自己，不只是優點像，連缺點也都很像。所以擘劃著學校與學生的未來，其實也是老師在對於自己的生命擘劃著希望。

● 質疑與衝突都是共創美好的過程

「我們」共同希望學生變成什麼樣子，「我們」一起解決「我們」的問題。學校裡的老師彼此是同事，也是夥伴，這樣校長就能慢慢退到後面擔任後勤支援，前線的課程設計由老師主導。但很多時候校長都是站在前面，要求老師聽聽「我希望你做什麼」，甚至覺得這樣可以比較快完成事情，而不是引導老師聽聽自己心裡想做什麼。

往往，結束一次入校陪伴後，我都會跟校長說：「你們的老師很棒，很清楚知道自己要什麼，也知道學生需求。」也有校長看完整場引導，聽了老師的想法後，回饋給我：「我應該換一個方式來看校內的老師，我一直看老師的缺點，忘了看他們的優點。」

我認為，不管什麼樣的人選擇教育為職業，一定對教育有一些想法，校長要盡可能創造好的環境讓老師做事。老師遇到困難時要提供協助，而不是遇到問題時要他自己負責。校園裡的學生、老師，跟校長都是同一個團隊。校園裡有時會出現這樣的情形：校長想實踐一個理想或改變，但遭遇老師的質疑，或是有老師不願意配合，導致校長的理想遇到困境或失敗。但我觀察到有些老師的質疑跟應對態度，是朝向目標時必然出現的過程，因為不理解、不確定或不熟悉，無法一次達到目標而失敗。這時候需要讓團隊知道的是——失敗只是還沒成功，透過不斷嘗試或學習，調整做法，終能達成目標。

然而，多數的人喜歡聽到或看到支持與認同，面對他人提出質疑或挑戰，就認定是阻力，卻忘記了這樣的張力是學校向前發展的契機。一旦認定老師的回應與質疑是挑戰校長權威，就等於擋掉所有對話與合作的可能性。會開口討論與質疑的人，有時是想透過你的話來試著釐清他自己的困惑，你可以透過回應，讓學校裡其他人更清楚為何要如此，讓潛藏的不安或焦慮有機會討論與說明，更可以避免校園內對立的氛圍。

質疑挑戰是一個動態過程，而且是變革必然發生的過程。將直覺且主觀的判斷暫放一旁，聆聽、理解並詢問老師們真正的想法，便能給予適切的回應，使雙方產生有意義的對話，這一切便成為「共創過程」中的正向歷程。

團隊中，那些完全沒有疑問的人有時不見得是完全認同，也可能是沒想法，或是隨你便，缺乏動機或得過且過。將質疑視為一個組織開啟對話與面對問題的契機，將使得領導出現更多的可能性。

● 放下百分之二的差異，擁抱相同的願景

當校長與老師互動時，不再依靠過去當老師時的經驗來判斷時下老師的想

法，或是不再關上耳朵不聽某些老師的碎念，老師們的想法就不再那樣讓人感到負向。校長不讓過去的經驗來框住現在的各種可能性，而是接受每個人都不一樣，便能懂得每一個老師的獨特性與特質。

每個人都有優缺點，即使有些老師一天到晚抱怨，嘮叨著負面的話語，可能只是因為關心學生的成長，而某些工作困境一直沒有獲得改善所致。當校長相信老師有改變的可能性，也清楚改變需要時間，就如同孩子的成長一般，那現在所看見的不改變，也只是改變發生前的歷程而已。人一旦放大對方缺點就會愈看愈不滿意，倘若看到老師的優點，當老師的能力增強，就會更有成就感，也會對學校有認同感。

除了校長應該看老師的優點並信任老師，老師也應該信任校長。老師總認為：「校長做這些事情，只是為了成就自己的績效。」但成就自己、成就學校，也是成就學生，有什麼不好？大家看事情往往只看 what，不看 why。我非常鼓勵老師，要更積極主動，把自己當成校園內的領導者，思考如何向上領導校長，讓校長放心。校長與老師彼此信任，才能共同往相同目標前進。

另外，校長也要去嘗試理解，老師的不信任感來自於許多教育政策彼此矛盾，而校長面對政策的指令只能一一下達，要求老師執行，但沒有人幫助老師解決這些矛盾與困難。因此，老師與校長的隔閡逐日加深、無法溝通，這種不信任是大環境造成的。其實，很多政策不能只是「一聲令下」。如果校長也不知道正在推動的政策該怎麼做，去外面聽聽研習就以為很簡單，回到校內叫老師照著研習的創意執行，那就是對老師的處境缺乏同理心，而老師也無法信任這樣的領導人。

每一任校長都必須讓學校往前走一點，一任四年，兩任八年，正常穩定的步驟是什麼，不以提供績效來回應教育主管機關長官，而是為了學校長治久安。校長跳下來承擔、消化政策，並且理解老師正在做的事情，以不干擾學校發展及不加重老師負擔為前提，把許多政策指令整合，讓老師有信心面對未來。假如校長與老師關心的事情是一致的，就不會相互對立。

所以我每次進到學校，一定要先談願景，讓校長與老師跳脫例行事務與過往恩怨情仇，來談相對理想性的事情，就會發現雙方沒什麼不一樣。

成人世界很愛看百分之二的不一樣，但我們有百分之九十八是一樣的，我們都具備共同目標與願景，我們相信可以做到更好。然而每當共事時，總是一直放大百分之二的差異，把別人當成惡質的人。真心期待校長多信任自己的老師，老師也對校長多點信心，我相信大家對理想校園的願景不會相距太遠。

最後，我們重新釐清，如何重拾校長與老師之間的信任度？

首先，校長不要直接判定老師的缺失。

第二，放手讓老師去做，信任彼此的願景相同。

第三，校長盡量同理老師正在做的事情，理解他們的困難與理想。

最後，雙方都要理解，沒有人想要搞砸學校，校長也盡可能幫老師排除困難，塑造理想做事的環境吧！

2 是我的問題，還是學生的問題？

學生是老師專業成長的「老師」

曾經在一所國中入校陪伴時聽到學校老師這樣抱怨：「哎，這個地方的孩子程度很差，連我的問題都聽不懂，更不用說回答問題了。」後來陪伴一年左右，老師開始反思：「會不會是我問錯問題，學生聽不懂我在問什麼？」

●「我的學生很笨」

校園裡有許多信任危機，有校長與老師夥伴之間的共事信任危機，更有老師與學生之間的信任危機。老師教書教久了，難免會用相同的問法來問不同的學生，甚至十年前的教法與問法，十年後還是一模一樣。但是時代不同，現在的學生跟十年前的學生也大不相同了，他們雖然是相同的年紀，所處的時空卻早已不一樣，所受的家庭教育與家庭背景更是不同。

我在教學現場觀課時發現，不少老師數十年如一日的提問相同問題，或是對於問問題很隨便，沒有把「提問」當成教學的一部分。多數老師仍把「教學」當課程，並未重視「提問」也是課程。好的提問可以讓孩子透過思考、回答問題來學習，跟老師的教學同等重要，都是課程的一部分。

當老師覺得「學生程度太差了」，往往會放棄學生，因為與其問了問題，空等學生回答，不如直接教學，更能達到教學效益，對於不少老師來說，「教完」比「學完」更為重要。我總是鼓勵老師別放棄提問，提問不是為了達到標準答案，而是為了促進思考，或幫助師生了解學習的現況，老師更應當認知到，「學生就是不懂才會來學校學習」。而每個區域、每所學校，收到的學生必然有所差異，老師既是學科專家、教學專家，更是學習專家，如何讓學生聽得懂問題，反而考驗老師的引導能力。

入班觀課時，常常會發現有些老師習慣提問學生還未學過或缺乏真實經驗的內容，或是從學術名詞切入發問，學生當然聽不懂問題。還沒學習到的專有名詞，相信連大人都聽不懂老師的發問吧？

如何讓學生聽懂提問，建議要從學生可以想像與思考的經驗切入，從日常生活的語言與物品帶入問題，是比較合適的做法，讓學生可以具體聯想，然後開始探討這些日常生活中的事物在學科中如何稱呼，讓學生的日常用語慢慢接近學術語言。其實面對各領域或各行各業的新手，都是這樣的原則。

很多老師無法理解，「每一個字都是中文，為何聽不懂？」老師何不將心比心，每一次進入新單元學習，與其用學術語言把學生拒之於學習門外，不如透過自己的專業來拆解學術知識，帶領學生慢慢掌握學術說法。學生並不是無法學，而是老師把門關起來。老師應更加謹慎，別讓自己成為「孩子不能學」的原因。

每一個階段的學生不同，他們對於具體或抽象的事物理解力也不同，老師反而要問問自己，你了解自己的學生嗎？你了解他們可能遇到的困難嗎？能夠同理心理解，才能想辦法幫助他們。如果老師沒有興趣了解自己的學生，那就無法洞察學生的困難，更無法協助他們解決困難。

很多教學訣竅要靠教學現場經驗累積，絕對不是師培可以養成。對老師而言，每遇到一個學生就是一個學習的機會，充分理解學生，課堂引導時就不會只有一種教學法，也不會只有一種提問方式。當老師抓不到學生聽不懂的關鍵點時，卻還用一模一樣的話重述一次，學生當然依舊聽不懂。當老師判定「學生不能學」，是否源自於老師不知道如何讓他能學？

●「為什麼學生達不到我的標準？」

還有一點需要省思。這幾年許多大學教授抱怨學生程度變差，國高中老師也抱怨學生很難教。但我覺得關鍵不在於學生端的程度參差，而在於老師端必須與時俱進。

這一代與下一代學生變化很大，過去的學生習於被動，等著被老師安排課程、被家長安排補習班與才藝活動。但現在的學生很會上網尋求資源，也有許多創意與想法，他們的世界與大人習慣的世界很不一樣，他們擅長各種虛擬的情境與解方，他們的世界無國界，做事的邏輯與方式也和大人熟悉的傳統做法不太一樣。

相對的，老師們永遠用同一套教法，一樣的教學方式重複十幾二十年，就會離這一代學生愈來愈遠。老師需要理解現在的孩子與過去不一樣，老師需要去問學生哪裡卡關、哪裡不懂，老師是行動研究者，每天都要觀察與調整做法，學生永遠都是老師專業成長最重要的「老師」。

調整教學方式之外，評價學生的標準也要調整。老師如果認為學生的進步就是要達到成績九十分，那就容易會覺得「孩子為什麼達不到我的標準」。成績分數的齊頭式標準，是否適用於每一個學生，是否適用於現在的社會，是否對學生的將來有幫助？我相信，這些都進入需要全盤思考的時機了，老師要如何順應現況，讓學生投入學習，如何激發學生的學習動機，讓他們在各自的基礎上更好。

提出「以學生為中心」的日本學者佐藤學曾說，卓越沒有統一的標準，而是竭盡全力，以自己的能力做到最極致。假設老師對於「卓越」的標準只有一種，那麼學生會感到挫折，老師也會失望。

當未來多數的職業目前都還沒有出現，教育現場早就應該擺脫工業時代下生產線的教育模式，如何保有每個孩子的獨特性，並能夠發揮與發展，對於多元的欣賞，才是這個時代要鼓勵孩子們所追求的卓越。

每個人都放棄過度主觀的詮釋吧，校長不要對老師有主觀的詮釋評價，老師也不要對學生過度主觀評價。看待學習的成果可以有很多種視角，不應該只有數字成效。

● 看到學生個人比較優勢

老師可以發現孩子獨特的優點，然後協助他持續發展。我當老師時，假如發現學生的優點，一定會讓當事人知道，直接告訴他：「這是你特別的優點。」因為如果當事人沒發現，或是不把自己的優點當成優勢，他在成長過程中，就很容易遺失或拋下這個優勢，而不會把這個優點好好打磨。因此，身為學生的「重要他人」，師長必須明確讓他知道，擁有這個優點並不容易，是他個人重要的優勢，學生就會珍視這個優點。

學生在成長過程中，很難發現個人比較優勢之處，老師可以協助他發現，因為我們很容易看出不同孩子特質的差異。學校很容易落入增強補弱的循環中，一直提醒學生弱項，然候補救教學，希望他的弱科成績可以提升。但在這種發展情況下，只會培養出平庸的學生，他把時間拿來補救缺點，卻沒有時間打磨自己的優勢。學生到某一個年紀時，我們的照看應該回到相對標準，而不是絕對標準，卓越是跟自己比較，而不是一直跟別人比較。愈早發掘學生的特點，也讓當事人清楚自己的優勢，他就愈有機會能把握住優勢繼續發展。

讓學生知道自己擁有「選擇與責任」，這也是台灣一〇八課綱與全世界教育改革趨勢共同的目標。當學生擁有人生選擇權，而他找到屬於個人的優勢或是想做的事情時，是否可以評估接下來需要哪些努力跟犧牲？這個犧牲是不可避免或是需要調整？需要付出時，是否準備好了？假如學生準備好了，就可以鼓勵他往前走，並讓他懂得自己承擔學習的責任，這才算完成了成為獨立個體的準備。

現在社會把孩子的學習責任丟給老師與父母，多數父母也會丟給老師，等於孩子學得好不好都是老師的重擔。但我認為，有必要讓學生面對自己，不應該拋下自己應該承擔的選擇與責任。很多年輕人會說：「我不想成為自己不喜歡的大人。」那麼就要學會自己選擇，然後自己承擔該努力與犧牲的責任。

老師協助學生看到個人優勢後，就是讓學生懂得自己，並與自己比較，讓學生專注於自己每天比昨天更好；當成長與進步持續發生，學生便在累積自己的優勢，最終能夠在自己優勢的領域成為優秀的人。

過去考試成績強調與別人競爭比較，考贏同學就等於自己的勝利，但長大後、出社會就會知道，這其實是最簡單的勝負比較，贏不了這個人，就換另一個人去較勁競爭，假如都競爭不了就換環境（職場）。但懂得個人優勢，才知道自己的弱點與優點，自己跟自己較勁，強化自己的優勢，才能跟他人合作，在變化中的環境生存。

● 跨領域的老師才有跨領域的學生

全球變局下，除了強化個人優勢，跨領域人才一直都是熱門話題，因此如何培育出跨領域的孩子，成為教學現場老師津津樂道或是焦慮的來源。當社會期待學校可以培養出跨領域的學生時，老師是否可以承擔這樣的重責？首先要釐清的是，成人自己是否具備跨領域的能力？

老師的跨領域培養，必須奠基於對自己的本業已經很清楚，對自己的問題與狀況有所掌握，然後發現自己的領域中有無法解答的問題，才需要透過其他領域來了解自己、解決問題。換言之，多數時候，我們是透過問題去尋求跨領域的解方，並非刻意培養跨領域專業，而是從本業上的問題探究出發，為了提升本業的品質，自然會加入跨領域的元素。

此外，老師對生活的興趣是否只有單一種？像我在意公平正義，所以我對於社會的脈動、時事、文化都有興趣，因此不管國內外的情勢，即使與我的工作無關，我也會保持興趣時時涉獵、時時學習，總有一天這些點點滴滴的學習，會回饋到本業，成為重要養分。

很多人喜歡待在同溫層，或是只學習與工作有關的事物，或是為了拓展人際網絡而參加一些進修課程，但鮮少有人是不為任何目的，僅僅是因為對於事情好奇或關心而學習，因此，要培養跨領域學習的習慣，甚至養成跨領域能力，變得很困難。尤其，打破同溫層，去跟完全未知的領域來往交流，對多數人來說，求學期間若無此習慣，到職場後更難，也因此，如今的社會付出極大代價，比如詐騙事件、網路謠言，都是因為人們習慣單一領域（同溫層）、思考模式一致、語言齊一、欠缺跨領域知識及查證習慣所造成。

跨領域學習，已經不是打高空或是抽象的概念。國家需要跨領域人才，老師除了培養學生成為跨領域人才，也要思考自己是不是能夠跨領域思考、跨領域學習。當跨領域成為習慣，面對未知，就不再是茫然與恐慌，而是積極與勇敢，跨領域更成為一種面對變化的態度。

3 我不是補習班老師

讓孩子在多樣態學習中成為獨特的自己

學校的教育目標應該大過升學，升學只是其中一環，教育目標應該是檢核學習成果。如果學校的教育目標鎖定升學，只為了成績存在，學校就跟補習班沒兩樣。如果學校自認不是補習班，教育目標大於補習班，那麼學校就得思考，學生的學習成果，除了透過成績分數來展現，還有什麼方式可以展示？

● 多元人才，社會才能穩定

「多元表現」是近幾年學校在推動的另一種學習歷程，也受到許多大學所重視，因為其中的社團、活動或服務，常常都是高中學生主動參與，最能看出孩子之間的差異。因此，成績之外，我們是否真的看到了孩子的多元表現？

有些孩子很能整合眾人的意見，並且採取行動，推動公眾事務，如果老師發現學生具有這樣的特殊能力，要如何引導他繼續發揮這項特長？如何給他舞台，或是讓他做得更好？進一步來說，大學有什麼科系跟發展這些能力有關？這都值得教學現場的大人思考，成績分數之外，孩子無法量化的能力，要如何加深加廣？

有時候把自己跟孩子拉開距離，把視野放大，就不會一直用成績來打量某些孩子，成天擔心他考不好，每天都在放大他的缺點，只聚焦在如何讓成績進步，反而忽略了成績之外的優點與能力，以及孩子未來如何發展。

「可以讀電機系嗎？」二十年前一個女生問我，她是女生，適合讀理工科嗎？電機系是不是很難考？我自己也是理工領域的女生，社會對電機系的印象就是男生讀的，而且競爭激烈很難考，再加上這個女生的物理及數學在班上的表現並不突出，種種因素都很不利；但，她真的很想讀這個系。我告訴她，從第一個志願到最後一個志願都有電機系，只要有興趣，就學得會，每個人都可以在有興趣的領域裡做想做的事情。

「成績不夠好就不能做什麼」，這是以成績至上的出發點來思考，假如電機系只有成績最好的人可以讀，那只要前幾志願的大學設電機系就好了。社會必須有多元的人才，才能呈現穩定的狀態，就如同熱力學第二定律所說，系統亂度愈大，穩定度愈高。當社會存在更多的成功方程式，孩子們的壓力就不再是與人競爭，而是找到自己，實現自己。

只要孩子有興趣，對於投入的領域抱持正向的態度，堅持做到卓越，這樣就是成功。我曾經教過一個學生，英文表現非常突出，但數學表現則是被打趴在地上。上了大學後，這個孩子不再需要讀數學，而是能更全面的投入自己所喜歡的英文，他的表現就更出色，也不再對自己沒有自信，還在大學階段就開始從事同步口譯的工作。

社會每個領域都需要卓越頂尖的人，麵包師傅吳寶春拿下世界冠軍之前，我相信如果孩子說想當廚師，老師與家長都會反對。但行行出狀元，大人應撇除以成績至上的標準來衡量孩子的興趣。學校不是補習班，一所好學校、一個好老師，是要讓孩子的潛力發揮到極致，而不是讓孩子變成跟別人一樣的人。

在麗山高中教書時，家長對學校的稱讚是：「孩子到麗山以後變好了，會跟我們聊天、主動做家事，還會熱情投入想做的專題。」好的學校是讓孩子看見自己的優點，並且支持孩子，讓他去走想走的路。

● 自主學習，探索人生的前導課程

讓孩子願意主動投入，是保持學習熱情最好的方式，但讓老師困擾的是，要如何讓學生願意熱情主動的投入？一〇八課綱談「自主學習」，不是指學科的「自主學習」，而是讓學生自己找到能夠專注的事情，進行自主學習，並且發展成終身學習經驗。

社會上或是企業的隱憂往往是員工無法自主學習，都是按照原本的作業習慣來學習，甚至離開校園後就不學習。很多企業希望員工能夠持續學習，即使不是學習工作相關的事情，能夠自主學習者應該都是積極的人。

我的經驗是，愈小的孩子，愈能看出他喜歡什麼。因為小孩與生俱來的好奇心很明顯，他對什麼有興趣，絲毫不掩飾；有些書籍他會反覆看，有些事情他會反覆做，毫不厭倦。但往往到了國高中，好奇與興趣都被考試、升學抹殺了，周圍的大人會開始告誡他：「寫完功課再做。」或是：「考試不考這些，別做浪費時間的事情了！」大人會告訴他，這些好奇與興趣和成績是否相關，以利害關係來評價他該不該花費時間投入。當他的「自主學習」被壓抑，便會逐漸喪失自己尋找興趣的熱情。

最新的教育改革希望高中時期能於三年中的一個學期或連續兩學期安排時間讓學生「自主學習」，大約是十八堂課九百分鐘，總計十五小時的時間。不少老師卻很焦慮不知道該怎麼安排，其實十五個小時，等於過年放個兩天假期的時數罷了，即使什麼都不做，完全不安排，讓課堂空白也不打緊，不需要如此焦慮。老師們會這樣想是因為擔心沒有安排，學生就不學習。我倒是認為，如何讓學生找到感興趣的學習內容，學會如何自己學會，如何設定目標，如何安排時間，如何在過程中可以感受到學習很有趣，這都是開啟終身學習的第一步，也是關鍵的一步。

就算學生花了許多時間探尋與摸索自己的興趣，看起來沒有具體成果，也都沒關係，因為過程就是自主學習重要的成果之一，不要一心想著學生要完成什麼嚴謹的報告才算是自主學習。自主學習就是讓學生能夠透過這些時間，想清楚自己想要學習什麼，即使花了一整年時間才找到心之所向，對學生整體的人生而言也相當有價值。

老師可能都忘了，我們過去的年代沒有安親班、沒有人學才藝，放學後的時間就在「鬼混」，進行社會觀察，做很多奇怪的事情。我們過去其實也做了很多「自主學習」，許多事情自己動手做，不會就問人，在每一次失敗中學習。很多大人從小到大都有這種經驗：在旁邊看著學，不用人教。這就是「自主學習」。我們都是「從過去走來的人」，因此當我們看學生困惑發呆、無所事事，不用急著打擾他，給他一段空白時間消化所有的疑惑。

● 學習不是只有一種樣態

現在的孩子，時間被排得滿滿的，學校課程滿檔，回到家，家長也安排滿檔的課後活動與學習。這些安排，等於大人在幫孩子承擔學習的責任，而過去我們習慣的安排，多是一致性的課程，不管學生是否具有差異性、興趣是否不同，我們都要求所有人一起坐在課堂學習一樣的事情。結果我們教出同質性很高的人，卻發現時代變了，社會需要的是多元與有創意的人。當國家需要不同的人發展潛能，教育要如何引發這些潛能？

多元與創意無法大量快速生產，也無法一致性的安排課程。因此，老師可以學習把課程安排的責任移交給學生，該是讓學生安排自己學習、承擔選擇責任的時候了。

自主學習有助於學生適性探索。其實我認為，從小到大都需要自主學習，而不是在高中階段才納入課程中。如果希望學生長大後，即使離開校園也能夠終身學習，那麼從小就要有自主學習的經驗，協助學生把從小的好奇心與興趣找回來，當學生願意不計代價（跟考試無關）的持續搜尋、瀏覽有興趣的項目，並且尋找工具解答心中疑問，就會變成個人的知識樹。

對於自主學習投入甚多的葉士昇老師，任教於高雄市民權國小。因為自己喜歡學習，所以也樂於幫助學生及老師們了解如何進行自主學習。對他來說，自主學習包含了資源運用、資源整合組織、策展分享等。我想除了這些，過程中當然還包含了興趣探索，還有專案管理（含時間管理、計畫擬定與執行等），這些都是有意義與有效學習很重要的元素。

士昇老師關於自主學習課程的規劃，對於高中現場的教師有許多啟發，我也從中學習到許多，才有能力幫忙幾所學校規劃了自主學習課程。

自主學習的第一階段是前導課程，也就是告訴學生有哪些資源可以使用、有哪些工具可以協助搜尋大量資料。比如教學生如何申請線上閱覽證、哪些線上資料庫可以運用，還有如何判讀網頁資訊。有的老師還會教學生更多數位工具，比如哪些APP可以幫助學習、關鍵字訂購等。過去會教學生到圖書館找紙本資料，現在要教學生使用線上訂閱功能，讓想要的資料自動送過來。

此外，國內外有很多線上課程，老師可以帶領學生打開視野，認識這些數位工具。當學生對於要投入哪些領域或是挑選主題仍感混亂時，可以先教他們學會運用工具。

自主學習的第二階段，就可以讓學生開始學習蒐集資料，並且有系統的整理資料。老師可以教學生透過數位工具來整理龐雜的資料，比如使用Google協作平台，開設雲端目錄，把資料整理分類。雲端資料累積到一定程度，就可以開放給其他同學，讓大家討論互動，甚至可以擴大範圍，讓更多同好參與加入。這個階段，學生不僅可以學習到專案管理，還可以學習時間管理，因為必須制定一個做得完的計畫，並且在學校給予的時間內完成，並以如何運用額外的課餘時間為專案加值。

第三階段，累積夠多資料就可以進行線上策展。學生如果能善用自主學習的時間，累積三年的時間便可能製作出一個有系統的專案探討，這便是最能呈現高中三年成長歷程的資料。如有機會在大學申請入學中呈現，教授們看到這些策展內容，便能夠清楚且快速的掌握學生三年來的重要歷程，了解到學生最有興趣的面向，也取得學生最能展現自己的成果。

教育無法速成。過去的教學現場從不等待，總期待「今天背課文，明天考滿分」，但這樣的時代已經過去。教育最需要等待，彈性學習時間中的自主學習最能看到學生累積三年下來的獨特樣貌。

在學習使用資源的過程中，便能讓學生開始大量搜尋與試閱，從中找出自己有耐性持續觀看的內容，以及有興趣持續搜尋與挖掘的方向。如果不藉由自主學習的過程讓學生覺察自己的興趣，那這樣的「自主學習」最終必然枯萎。

● 自主學習能力是「終身學習」的基石

讓學生養成自主學習的習慣，教導他們學習的方法，將讓他們終身受用，而不會畢了業，離開校園後就中斷學習。自主學習的養成，能讓他們一輩子都抱持求知的渴望，也懂得如何尋求解答、滿足自己，這也是今日愈來愈受重視的「終身學習」的基石。

終身學習可以知道世界的脈動，更能理解「社會變化是正常的」，不用為了變化感到憂慮，或因為未知的世界而擔憂。社會很多爭議都是世代之爭，因為來自不同思想、派別，陷入理念價值之爭，基本上這些爭議沒有絕對的對與錯，但當我們陷入世代之爭時，要能夠判斷與理解這些思潮從何而來。

老師協助學生培養自主學習的過程中，其實也在安定未來的社會。現在的社會少子化且高齡化，要如何豐富自己的生命，是長久的課題。多數人一輩子都只懂得工作，要如何開展第二、第三人生？「學習」會讓人擁有幸福感，愈多人持續學習，就愈能帶動城市、社會，打造具幸福感的國家。

不過，我強調的終身學習，不只是社區大學的學習，或是才藝班進修，而是來自於個人出於學習的熱情、自動自發的學習，尤其要讓國民生活品質提高，降低社會成本，學習是一種有效的方式。當我們能夠系統化思考終身學習這件事情，它會對應經濟產業的需求、帶動社會互相理解、提高生活品質，並且降低社會補貼成本，由此可見老師協助學生從小培養自主學習的重要性。

因此，大人若沒有學習的習慣，要如何讓孩子喜歡學習？孩子什麼時候看到你在學習的樣子？你曾在孩子面前看書嗎？假如你沒在孩子面前看過書，他為什麼要看書？老師、父母，甚至是社會上的大人，能不能讓孩子看到你對學習充滿熱情的樣子？

社會充滿不信任，成人總是對很多事情都否定或不信任。你有熱情嗎？你信任人嗎？你學習嗎？假如答案都不確定，你就很難啟動孩子對於學習的熱情開關。如何讓孩子看到大人，就萌生出這個念頭：「想要像你一樣持續學習。」社會上所有的大人都是孩子的榜樣，整個社會若充滿學習氛圍，對孩子也會有正面影響。比如很多樂齡學校的相關資訊，凸顯很多人都有學習需求，讓學習成為日常生活的一部分，一遇到問題就去找方法、去尋找並查證資料。在這樣的氛圍裡，不需要大人幫孩子安排要如何學習，也不需要大人告訴孩子何謂主流學習，孩子自然而然就懂得如何自主學習。

過去有很多人質疑學校生活脫離現實，認為學校學習的樣態不符合現實，主要原因是，有許多安排好的知識學習，不見得能跟上社會潮流，時代日新月異，今天的解答不一定是明天的解方。要培養讓學生帶得走的能力，就培養學生擁有遇到困惑必須自己去思考、去找解方的能力，有了踏實的能力，才能面對不同的時代變局。

我能理解老師擔憂的心情，但建議老師一定要嘗試放手，讓學生經歷這一段尋找答案的過程，讓他們自己思考，並且動手找解方。或許有時候學生問你問題，你可以承認你不會，然後跟學生一起找解答。我觀察到，學生其實不期待老師樣樣都會，尤其現在的時代日新月異，什麼都會才奇怪。老師要鼓勵學生，對於喜歡或好奇的事情，可以持續探究，協助他們深入學習，從中獲得樂趣，這才是一輩子值得珍視的能力。

4 我們要的是尊重不是名利

老師需要熱情與好奇，不需要完美

每年到了學年末或暑假，都是學校校長與主任傷腦筋的時候，因為行政人員往往很難快速確定與到位。

有很長的一段時間，媒體報導校園內「行政大逃亡」，指出學校老師不想做行政事務，因此不願意接行政業務。但社會不解的是，教育部也研議要增加願意接行政工作的老師加給，表面上看起來，多做事就多給錢，沒道理發生「行政大逃亡」的事情。這間接也產生一種形象：給錢，老師才願意做學校內的行政業務。然而真實情形是，就算增加了加給，大家對於行政工作還是避之唯恐不及。

學校文化決定了結果

這些現象的背後凸顯幾個結構性問題。首先，是否明確規範老師工作的權利義務，老師要做什麼事情應該規定好，而不是「求」或「拗」老師來做。校園就像一個職場，老師的權利義務常常都不是明確的逐條規範，又，更多時候，老師們對於文字的解讀不同，因而產生了校內溝通上的摩擦。更有些老師，對於教育改革或政策所衍生的新工作，並不認為是自己應當承擔的。

學校行政工作往往由老師兼任，人員也經常輪替，無論是否擔任行政工作，身分其實都是老師，老師之間只是同事關係，不是上下關係。因為老師工作並無明確規範，導致願意付出的老師，容易被同儕酸言酸語，甚至被貼上「校長國王人馬」的標籤，或是冒出喜歡出鋒頭等打擊人心的流言。積極熱情、在課堂之外願意為學校付出的老師，無法獲得尊重，最後演變成「不能營造讓我得到尊重的工作環境，那至少對於我付出的時間與心力給與合理的津貼」。

假如老師工作的權利義務規範清楚，老師也認清自己的工作範圍，在校園內就不會發生許多不平衡的情況。願意積極多做事情的老師，希望獲得的是尊重，並不是名利；但長期不被尊重的結果，就會產生怨懟，而怨懟就變成反對校園進步的力量，校園內瀰漫不信任感。校長與老師間無法相互信任，或大家也沒有意識到許多問題是自己造成的，而學校存在的意義與目的逐漸在這種討價還價中喪失，教育大環境最終陷入「什麼都不要做，彼此相安無事」的惡劣循環中。最終將可能使得原本的改革者，因為長期不公平的對待與傷害，成為學校改革最大的反對者，這個結果實實在在存在於學校現場，也是大家最不樂見的情形。

校園中每一個環節都需要彼此信任，相信每一個人都是為了讓未來更好。但絕不能要求每一個老師都把職業當成志業，志業靠熱血不一定能長久，但若是一份職業，每個人都必須對得起這份工作與職業，並且有意識的讓這份職業獲得社會尊重。「職人」精神適用於百工百業，我覺得也適用在老師身上。

● 重新定位老師

近幾年因為少數失常的老師被媒體放大報導，或是因為學生的投書批評，往往僅一天生命週期的新聞，社會大眾還來不及分辨清楚事情真相，當事老師也還未能及時解釋，這一天的新聞便瓦解了台灣社會對老師的正面看法，老師被塑造出不被信任的形象。但事實上，會上新聞的老師多半是特例，多數老師都有教學熱情，也願意把職業做好，更有不少人把老師當成一生的志業。

媒體把特例放大報導，日積月累影響老師的社會形象。還有一個癥結，導致社會不信任老師——「老師教的我都懂」，當家長都有大學學歷，他們不會覺得老師懂得更多。

以前社會強調尊師重道，是因為家長沒有老師來得有學問，因此把孩子託付給社會中知識較高的老師來教導；但現在社會環境逐年改變，家長教育背景跟過去不同，老師要如何讓家長信服「我不只是知識的傳遞者，我可以引導孩子的學習熱情」？老師必須發展自己的「不可替代性」，包括讓孩子願意學習，產生學習動能，並能進一步理解孩子，了解這個年紀的孩子會有什麼情緒問題，以協助家長解決。否則老師只負責教學與盯功課，對家長來說，老師的存在性就像白天的補習班或安親班老師，替代性很高，只是白天幫家長「顧小孩」而已。

所以老師端應該思考，外在環境已經改變了，老師的定位也應該調整。網路時代變遷迅速，現在的學生都是網路原住民，他們對世界的看法很有自主性。但從我讀書、教書到現在，我觀察到很多老師教書的方式並沒有變化，他們對學生的期待還是升學，透過學生考上理想的高中或大學，去證明自己的教學是成功的。當學生知道的「知識」在網路上可以輕鬆獲取，老師怎麼證明自己的「專業」不僅只是知識傳遞，且能獲得學生的信任？

老師面對職場環境轉變，若只是成天抱怨「現在的學生不懂尊師重道」，可能無法解決現狀。

潑冷水的老師扼殺學生創造力

老師期待學生保持熱情與好奇心時，要如何示範「我是個願意學習新東西的人」？「老師」這份工作，很多程度上是「示範」，不是口說理論，由上而下的要學生吸收服從，「身教」就是教育的一種。「身教」並不是要求老師當一個品格道德至上的人，而是老師也應該是一個學習者。當老師是一個學習者，學生才可能變成學習者，因此，老師「教導」學生如何學習的同時，也必須「身教」示範給學生看你是怎麼學習，你有沒有展現熱情與好奇心？

老師該如何呈現熱情與好奇心，如何讓學生感受到老師自己也是個積極的學習者？我的方法是「提問」，比如和學生同時看一部影片時，事後我會問學生：「有沒有發現什麼問題？」假如學生說：「沒有問題。」我會繼續反問：「我剛剛看到一個現象很奇怪，你們不覺得奇怪，那你們應該知道是怎麼回事，可不可以告訴我為什麼？」老師可以透過「提問」示範「不疑處有疑」。

老師無法只是口頭講講「你們要有好奇心」，學生就能心生好奇。在學生面前展現「快速解」，很理所當然的一下子解決問題，學生就無法學習如何發現問題，怎麼分析問題、解決問題。

以前我的教學方式是先教理論，然後引導學生如何使用理論，但現在就不能這樣教學，邏輯必須跟過去相反，透過解決問題的過程，讓學生分析問題、解決問題，再來歸納出理論。老師不需要在學生面前展現自己是一個完美的人，或是呈現自己有多優秀，這時代更重要的是身教與示範，你希望在學生身上發生的事情，你要親身示範，而不只是空講道理而已。

尤其我也觀察到，老師常責備學生「不可以亂講話」，或取笑學生。學生講話沒禮貌是一回事，但是「亂講話」又是另一種情境。也許你認為「亂講話」的背後，學生想傳達的想法有可能不正確，但是不是可以有耐心的仔細探究，為什麼學生會這樣想、這樣說？是不是可以讓他自己反思，這樣想、這樣說是正確還是不正確？引導他思考，而不是潑冷水，直接說：「不是這樣喔，應該是……」老師直接給答案，學生就喪失思考的機會。

好奇心是培養創造力的基本養分，常常潑冷水的大人，則會扼殺學生的好奇心。老師要如何讓學生感到尊重，而不是制式化的相處？我覺得若能傾聽學生，讓他微小的好奇心逐漸茁壯，發展成創造力，他一定能感受到這與課本知識的傳遞不同，與補習班、才藝班，甚至與父母的相處更是不一樣。

● 學生的尊重最可貴

在我們的文化中有著尊師重道的概念，尊重不只是來自外界給予，更重要的是，每天相處的學生是否敬佩老師、是否尊重老師。學生尊重老師，家長就會跟著尊敬、看重老師，廣大的家長便能提升社會對老師的尊重。二十一世紀，老師更不只是過去所稱的傳道、授業、解惑者，而是新時代協助學生成為開創者的領路人。在這個新時代中，老師的定位是什麼？尊重又如何取得呢？

我覺得從很小的事情開始做起，可以讓學生自由依據主題或討論的問題發言，很多創造一開始就很瘋狂，讓學生天馬行空的自由發想，然後再幫助他收攏整件事，引導他自己分析，這個創意或點子可不可以做？可以做的話，要怎麼開始行動？如果不可行，是否要尋求新的路徑？很多創意不要輕易夭折，可以讓學生盡量想出可執行的方式。也不要受限於社會可能沒聽過、無前例可循的理由，而讓學生無法行動。

孩子對外在世界抱持多大的熱情，通常跟大人如何應對有關。老師是不是鼓勵孩子充滿熱情，或是允許他因為好奇而破壞東西？尊重、陪伴、聆聽他看待事物的方式，去理解他怎麼探究這個世界，讓他保持對生命的熱忱，而不是澆熄他的熱情與好奇心。

過去的老師形象已經不足以面對時代需要，老師不僅是知識的傳授者，更是引導孩子們探索世界、理解世界與面對世界的人。老師已經到了建立新形象的時候，或許老師可以問自己：「對自己的工作感到驕傲嗎？」這幾年我進入學校，舉辦工作坊，陪伴老師重新思考，從教學現場的問題出發，反思老師在這份工作中的理想，分析與找出能解決問題與實現理想的路徑。當社會給予現場老師更多的支持與陪伴，相信並支持他們進行改變，讓老師們重拾熱情、勇敢向前，成為豐富學生生命的人。我認為，點點滴滴為學生準備未來的同時，老師也正在改變自己的未來。

PART 3

社會篇

教育是一切根基

教育不是因為社會改變後才跟著改變的，教育應當是走在社會改變之前，為了開創理想的未來而努力。

長久以來，社會的問題都不是某一個環節的問題，而是環環相扣累積下來，培育下一代孩子正確的認知，就是創造二十年後的社會，我們無法改變現在的大人，但我們可以投注在孩子身上，期待創造更好的未來。

1 誰該關心教育

教育需要所有國民的共識

台灣對教育很看重，傳統說「士農工商」，「士」讀書人被擺在最前面，現在說「行行出狀元」，可以當不同領域裡的專家達人。但是，吳季剛在還沒幫歐巴馬夫人蜜雪兒設計就職舞會禮服之前，有多少父母會放心讓孩子走服裝設計的路？是不是因為吳季剛的成功，媒體才大肆報導，或社會上才開始稱讚當一個設計師也很好？很現實的來看，社會對不同行業的成功標準不同，社會對服裝設計師的成功認定是如此高標準：要國際知名，並有名人加持。

如果不會讀書，不是「士」，你在其他領域中非得出類拔萃，否則很難獲得社會大眾肯定。比如鴻海創辦人郭台銘，他是因為創業成功，成了首富，才被大眾肯定，一般人若是跟郭台銘相同學歷，社會不見得會給予相同的評價與認同。社會雖然鼓勵多元，但骨子裡仍只肯定能讀書、做白領工作的人，對於勞力工作者並未給予相同評價。

● 教育不等於「成績」——當企業嫌棄台灣沒人才時

當我們社會本質對教育的期待等同於「會讀書」的時候，社會問題就會慢慢浮現。若問我：「誰該關心教育？」我反而想問：「誰該關心社會？」社會問題的浮現，背後有沒有教育問題？

現在關心教育改革的人，多數是家裡有小孩的家長，而且他們多半只關心升學制度。即便是關心教改內容的人，也是為了對應升學考試，一旦孩子脫離了這個階段，關心便不再。除了家長之外還願意關注教育的人，大概只剩下從事教育工作的人了。

企業經常批評台灣的大學生，認為他們畢業後在職場無法適應，這些社會新鮮人被動且對工作毫無熱情，甚至連頂尖大學的畢業生也要凡事交代才會主動做事。企業界對大學畢業生的抱怨，連年有增無減。然而坦白說，大學生變成這樣，企業界難道沒有責任嗎？企業為什麼沒有在關鍵的時刻出面，對教育政策發聲？或是在社會中推動有益的教育示範？

比如最近推動的「一〇八課綱」教育改革，其實就是教育界為了處理社會中發生的問題所提出的對策，但卻看不到企業出面認同、支持一〇八課綱教改可以解決職場面臨的問題。企業只指責「大學沒有培育出我要的人才」，只關心「國內人才不適合企業使用，必須透過施壓政府來開放外籍人才」，或是直接把企業移至海外，企業界似乎沒有回到社會最根本的問題來思考。

企業面臨的人才問題不是「點」的問題，而是「教育結構面」的問題，當企業遇到人才困難，可以試圖回頭影響教育界的政策。很多企業設有文教基金會，扶助弱勢或偏鄉，東方文化喜歡扶弱，扶弱只是一部分的教育品質提升，但是教育結構面的問題，需要整體大環境全面的提升。

企業之外，民眾生活中偶爾會抱怨缺乏公德心的問題，或是人跟人之間欠缺互助的問題。抱怨的同時，大家是否回頭思考，這並不是人的素質低落，而是可能在教育過程中造成的某些偏差；換言之，學生在教育過程中應該發展助人的價值觀，或是對群體投入心力，但教育都讓學生發展其他東西，導致他們長大成人出社會後，我們覺得很重要的公德心、互助精神都喪失了，然後再來抱怨社會如何的有問題。

其實，孩子在小學時期還會互相幫忙，但升上國中後，大人會叫孩子不要管那麼多事情，把升學考試考好比較重要，孩子想熱心助人，也被大人責備：「別多管閒事，顧好自己的功課就好。」這樣的孩子上高中後，你要他跟同學互相幫忙或期待他關心社會議題，孩子必然會問：「做這些事情有什麼好處？這個會考嗎？」

社會可以思考，當我們在抱怨社會出現許多不合理、難以理解的現象時，是教育出了什麼問題？還是社會沒有提供好的大環境？

教育是大環境中的一環，就像企業期待經濟穩建成長，就需要優秀的人才、良好的政策、充足的能源來支撐。因此當社會期待教育發揮優異功能時，就要思考大環境有哪些力量可以給予教育體系支持，比如父母、學校、企業產業，甚至是所有國民的共識來支撐。

● 人才培育不是炒短線

企業並非不關心教育，但他們關注教育的面向多是片段的議題。比如他們經常關注教育是否可以提供充足的人才，關心企業的需求能不能被滿足。然而，人才荒不可能透過大學的招生名額來解決。大家應該還有深刻印象，幾年前觀光產業當紅時，觀光旅遊、休閒、餐飲等大學科系變得熱門，招生名額大增，但最後發現人才供給大於市場需求，導致許多應屆畢業生找不到工作，甚至供過於求而導致低薪問題，更因為急速的增加科系，學校沒有足夠的配套措施，也沒有足夠的師資，發生社會詬病的學用落差爭議。

回到大環境整體來說，一個國家的產業發展是什麼，未來要發展什麼，以此來規劃對應的人才，政府預想未來二十年的台灣產業會是什麼？但現在大學端有生存問題，導致什麼產業熱門流行，大學就開設什麼科系來招生，短視近利的結果會造成什麼樣的人才供給，都需要社會整體來檢討考量，社會對未來沒有共識，容易造就出類似的問題與爭議。

不過社會也要認知到，人才培育需要漫長的時間，今天的需求不見得是二十年後的需求，各界必須擺脫流行性的考量，不要看到眼前的熱門產業就投入培育相關人才，或傾全力讓孩子就讀熱門科系。產業界經常一遇到疑難雜症就對政府喊話要鬆綁什麼法規，教育界也常一遇到什麼問題就希望政府幫忙解決。但這些都是短期見效，煙火式的政策與考量，長久下來只會耗損台灣能量，對社會體質無益。

教育的問題必須系統化解決，社會應該每幾年召開一次教育論壇，邀請各行各業的人都來參加，從大環境來思考台灣未來二十年要怎麼走，需要什麼樣的文化、什麼樣的人才，不同的背景領域對話下，一起來思考我們共同期待的國家是什麼樣貌，國民又是什麼樣貌，才能來對應教育改革中的培育人才之道。而不是總在不了解的情形下任意評論，甚至會說出恢復聯考最好等言論，殊不知，現在的家庭結構、生活環境和過去差異甚大，目前中學階段的許多孩子都是在只追求成績競爭下成長，缺乏面對真實世界的能力，才造就了企業口中所謂的人才不足或落差的問題。

● 期望國民的模樣，社會如何關注教育

現在的教育說帖通常是針對家長，沒有針對國人或是對企業的說帖，換言之，前面我們說社會不關心教育，但實際上教育主管機關也沒有企圖心讓所有

人來關心教育。教育是一切的根基，教育主管機關只針對家長來說明、說服，心中想著只要家長不要吵鬧就好。這不應該是教育的本質，如果希望社會所有人支持教育改革，就應該在友善的環境下推動這份改革，讓企業、一般民眾都能理解每一次推動的教育改革，是為了培育出更適應未來二十年的國際人才，為了培育出企業需要的熱情、主動做事的人才。

這次教育改革中有幾個關鍵能力就是針對企業需求和未來適應力來培育：自主學習、互動、共好。

企業主常抱怨員工被動沒有熱情，自主學習就是為了培養學生探索興趣，找到熱情主動學習，學習與人互動溝通更是如此，企業主多半希望自己的員工能夠團隊合作，互動與溝通就顯得更重要。尤其重要的是，「共好」這項關鍵能力。過去我們完全做不到共好的培育精神，因為學校與家長皆長期重視考試成績，社會價值觀也肯定、鼓勵成績優異的孩子，當孩子普遍有這樣的學習經歷，我們當然培養不出願意「共好」的孩子。升學制度掛帥，小孩從小學到高中，被培養成考試機器，對成績分分計較，每次考試就是想把別人踩下去。養成這種踩別人、求勝負的心態，要如何教會孩子與他人共好？所以，鬆綁傳統的考試與成績掛帥，才能培育出有同理心、願意共好的人才。

我認為，教育亟需一份針對國人與社會的說帖，透過教育政策的闡釋，也點出國家堅守的價值。長久以來，把教育隔絕在社會之外，不會有人覺得自己對教育有責任。如果在工作或生活中能抱持對教育友善的行為與論點，對整體教育品質就會很加分。

但我們最常見的往往是社會為了拉大對立，才開始談論教育，把教育當成攻擊彼此的談資工具；比如性平教育、白話文與文言文比例、歷史課綱的爭議等，這些雖說是教育議題，但本質卻是國家與社會所追求的價值，不應當總是刻意與政治或意識型態綁在一起，讓精神在未討論前就已經模糊了。社會大眾或是政治人物談論這些議題時，更應當站在真的是為了讓社會更好的立場，而非只是把教育當成攻擊手段，求取某種形式的勝利。

當愈來愈多人不關心教育，或糟糕的把教育話題當成政治攻防時，大環境充滿對教育不友善、短視的言論，大眾也對國家未來的具體藍圖感到模糊，教育一定會往愈來愈不好的發展方向走去。只有未來圖像清楚，社會上的每一個環節、每一個人，才知道要如何配合往更美好的教育理念走去。教育引導了一個國家的未來啊！

2 教育創新產業的興起

新世代對社會的抗議與翻轉

二十年後的社會將變得如何？

可以預期的是行業別會變多。這一代年輕人喜歡創業，常是因為找不到對應的產業，或是沒有好的職場環境，於是便選擇創業。大人的想像力太少，他們過去創造出來的產業都是快速、低成本、可以賺大錢，這類型的企業已經不符合這一代喜歡創新、創意的年輕人，這群年輕人是喜歡發現問題、習慣提出問題的人，他們也會嘗試提出創新的解方。這種積極思考力的展現，會讓我對未來感到稍稍放心。

● 對生命不熱情的大人們

未來創意類型的行業會明顯增加，好處是健康的社會必須多元化，跟生態系一樣，生態系多樣化，環境才能平衡，彼此相互支持。當多樣性減少，生態系滅亡的可能性就提高，因為當衝擊一來，大家一起垮。或是產業別過於集中時，就只能彼此競爭，因為市場需求有限，但是供給端卻如此多，除了競爭別無他法。所以當社會產業走向多樣性，就能讓所有人都找到好的生活方式，產業不需要為了惡性競爭，而要求員工必須拉長工時，甚至得銷假工作，更積極的是，我期待「找到生命方向」的大人可以變得更多。

現在大部分的大人對於所從事的工作不一定喜歡，也沒有熱情。他們在生活中欠缺目標且充滿抱怨，換言之，對生活沒有期待。我熟知很多企業高層，他們對於競爭憂心如焚，但是中低階層對於產業競爭與未來欠缺實際感受，他們安於「有一份工作就好」的人生態度，多半不會主動發掘問題或是提出解方。傳統產業或是電子業，在第一現場也需要積極發掘問題、解決問題的人才，否則企業競爭力只會持續下降，良率也會持續下滑。

當社會中這樣對人生不抱持熱情、也不主動發掘並解決問題的大人成為多數時，他們對社會充滿負面情緒，對社會文化的長久影響並不好。假如我們可以讓下一代在成長過程中，更清楚理解自己要什麼，他長大後遇到問題，就比較能心平氣和的分析判斷，也能掌握問題的本質去想辦法解決，不會把情緒攪進去，最後把問題複雜化，情緒化會惡化、放大看到的問題。

社會中如果多數是「找到自己」的人、能夠自我實現者，這樣的社會比較健康，這樣的人也比較不會對所有事情片面的充滿負面眼光與評論，對於公眾事務也會尋求最大利益，而不是個人利益，這樣對整個國家發展、政策推動，就能平和看待。政治環境相對穩定，政黨可以對立，但是對國家方向一致，都是尋求更進步的國家，而不是詛咒對方執政很差，只想把國家往下拉，形成一個「比爛」的社會，這會形成惡性循環，彼此不肯定對方，只會換來一直相互批判的社會，互揭瘡疤。大人如此，下一代在這樣的環境中成長，我們能期待更好的未來、更好的社會嗎？

教育創新產業的興起，或許可以視為新世代對於成人的宣示，宣示著他們雖然展開了「成人的生活」，但沒有忘卻對於生命的熱情。

● 大人應為下一代創造好的社會

社會必須為下一代做最好的示範，因為在孩子面前發生的事情都是「教育」的一環，而教育最好的做法就是「示範」。不管是家長、老師、政治人物，孩子身邊的所有大人都必須做好示範；叫孩子不能罵髒話，大人卻在別的孩子面前罵髒話，就是不好的示範。如果社會能有共識：「孩子起床睜眼看到的一切都是教育。」就會理解、認同大人的示範責任有多重要，大人就必須謹言慎行；假如大人無視孩子的環境，任其惡化，那會是一個什麼樣的未來？孩子是社會的「公共財」，因為他象徵社會的二十年後，大人的教育責任不是只有在自己的孩子面前。政治環境穩定、產業多樣化，而且人對於自我追尋有定見、幸福感提升，這樣的未來才值得期待。

我們每一個人，也都是在過去大人創造的環境中，成長為現在的樣子，你滿意自己現在的樣子嗎？

看到大人創造出來的世界，如今教育創新產業這麼多，我認為是年輕人對社會的抗議與反撲，同時也是對於社會的承擔與翻轉，就如同以下幾個已經產生實質影響的創新產業。

● 線上學習

均一教育平台

比如「均一教育平台」，最早是誠致教育基金會董事長方新舟開啟，他認為國外「可汗學院」的線上教學模式很適合國內來做，透過教學現場老師幫忙

製作教學影片，而不是透過政策從上而下。教育界認同方新舟的初衷與做法，對「均一教育平台」接受度頗高，普及度與使用情況都比一般教育單位所設置的平台來得好。比如教育部製作的「教育雲」線上教學影片使用率就沒有民間平台來得普及。「均一教育平台」的線上學習效果好，目前也算是台灣創立較早、規模較大的教育類NGO之一。

● 解決偏鄉師資

TFT（Teach for Taiwan）為台灣而教

另外，「TFT為台灣而教」，是為了處理偏鄉老師流動的問題。偏鄉老師流動頻率高，而且常常找不到老師，這種體制內師資不足的問題應該是誰要解決？照理說是政府應該解決。

我在台北市擔任課督時，政大教授湯志民擔任北市府教育局長，他曾經提過一個解方，就是當老師請長假、代理老師找不到時，由台北市教育局統一聘請一群老師，派遣到需要的學校，解決教育現場師資不足的問題。湯局長認為，師資流動或是偏鄉欠缺老師的問題，確實應該回到主管機關來協助解決，但是他提出來的解方卻屢屢卡關。政府認為「沒有法規依據」，或是「沒有員額」，不管想要做什麼事情來解決問題，政府總是以缺乏法源打回票，讓解方無法落實，問題便一直存在。

教育有很多事情應該由政府承擔，但是政府往往拿法規綁死自己，給自己無法解決問題的理由。

主管機關對於教育的框架太多，所以才導致很多教育創新產業冒出來。我覺得教育本質應該「扶弱」，但事實上，教育資源多半集中在菁英，他們的教育資源最多，家庭社經資源豐厚，如何透過公眾的力量來協助某些比較弱勢、欠缺教育資源的孩子，或是有些孩子回到家反而無法過日子，因為家庭狀況很複雜，孩子需要住校才能靜下心來學習。所以為什麼很多ＮＧＯ跳下來做扶弱教育，因為它們沒有框架與邊界的問題，可以盡情去幫忙。政府大多只是表達「感謝」，並沒有進一步思考政府可以透過何種方式鬆綁法規，或是突破框架，系統化的解決問題。

關注技職教育

Skills for U

比如技職教育，很多人不關心這個領域。「Skills for U」創辦人黃偉翔跳下來做，這個年輕人是技職體系出身，他知道技職有很多問題，他想幫有相同處境的學生講講話，主要是希望社會教育資源不要偏袒菁英大學，也希望社會多認識技職教育。

黃偉翔跟我聊過一些問題，他覺得技職老師的現場教學仍趨保守。我也曾遇過技術型高中（高職）畢業的學生提到，因為考試引導教學，導致教學現場只能要求學生把題庫練熟就好，學生反覆練習題庫，老師也只能教學生如何解考題，沒辦法教孩子遇到狀況該怎麼辦。

審核技術型高中課綱時，有委員提出疑問：「為什麼我們技術高中的孩子，只能當技術員？技術高中的孩子還是可以有創造力、可以設計，為什麼只能按照規定或標準程序操作？」

但最大的問題是，社會上沒有太多人關心技職教育，所以技職教育教學現場保守，孩子雖然努力考了很多證照，但都是為了升學，因為證照可以加分；而證照氾濫與貶值的問題，卻被視而不見。這樣的問題存在很久，卻一直沒有被解決，沒有營造一個有助於孩子願意發展技術，而不是發展考試技巧的氛圍，所以很多為技職發聲的年輕人一直跳出來。

● 創新策展

雜學校

這幾年最紅的教育ＩＰ就是「雜學校」，雜學校的成功凸顯出台灣教育創新產業的蓬勃發展，有許多實驗教育團體、自學團體，有這麼多解決學習的嶄新方法，這麼多台灣年輕人投入教育創新事業。

教育創新的蓬勃，讓我們看到教育的可能性很多，全世界也看到台灣的教育能量很大，但另一方面，這是否表示體制內教育出了問題？是否也表示政府失能？政府是否反思過，為何許多應該是政府出面解決的結構性問題，卻變成民間在承擔？

如果體制內沒問題，誰會離開體制？社會如果只洞見教育創新產業的蓬勃正面性，卻忽略了反思蓬勃發展的原因，把教育創新視為代表「消費者選擇」的純商業行為，就永遠看不到真正結構性的問題。

● 教育創新，企業如何共襄盛舉

企業贊助教育產業時，常強調「關鍵績效指標」（KPI）。但是教育很難用KPI來量化衡量，並不是舉辦幾場教育活動就可以對教育產生影響，我也曾遇到企業反詰：「這應該政府來做，而不是企業出面幫忙。」但當民間教育團體找企業募款，當然是政府沒做好或甚至不做的事情，才會轉而尋求民間贊助。

企業常傾向於將經費用在教育中的救窮救急，而不是用於教育的長遠發展。知名的教育創新組織ＤＦＣ（Design for Change）台灣團隊的創辦人許芯瑋也曾與我分享募款的辛苦。我想，或許對於企業來說，讓孩子懂得設計思考「並不急切」，但企業很願意捐助金錢給偏鄉扶弱，或甚至捐贈資訊設備，因為可以快速取得績效。但對教育界來說，讓孩子懂得設計思考，其影響深遠，可以改變孩子的一生，翻轉他的命運，而不只是增加一餐飯溫飽而已。

由於企業與教育現場的距離較遠，能夠協助來判斷的根據也可能相對不完全或不夠全面，導致民間教育團體要說服企業時，必須強化「不做不行」的極端理由，甚至用負面表列來說服企業，而不是讓企業理解、支持某件對教育有長遠意義的事情。

另外，企業的基金會應該有更靈活的思考，有些穩定的教育團隊，可以給它固定的贊助經費，而針對一些實驗性質的團隊，可以給部分經費嘗試性贊助，讓年輕人試試看。但現在往往連一開始的嘗試意願都沒有，有些企業聽創新團體募款時，會要求許多回饋、設定很多KPI，最後也只贊助了十萬元。

募款時有條理的說明，企業很容易理解，但不是所有創新團體都了解企業屬性。如果能讓企業了解，給你一筆錢，成效比給三個團隊來得大，企業就會選擇投資贊助。但我觀察到，不少團隊在爭取認同時，感性訴求大過理性訴求，十分可惜。關鍵在於，向傳統產業募款時，贊助方在乎團隊的回饋；而向科技業募款時，贊助方期待能呈現KPI的達成。

創新團隊從原本只是單純對於教育的熱情與使命感，開始轉變，針對向企業募款時也須符合企業思維，提出必要的效率，無法只用感性訴求來感動人，還必須擘劃如何整體評估計畫，然後設定目標，並且說明要達到目標得如何依序完成，最後企業如何檢核這些目標。

此外，為了完成這些事情，創新團隊需要考量如何挑選人才、培育人才，來達到目標。向企業積極爭取對於教育創新的認同與協助，並非只是獲得實踐理想所需的經費而已，更要讓企業知道教育的趨勢與實踐，並提供企業與社會大眾參與教育的方式。當所有人都能夠以合適的方式參與及支持教育的發展，孩子的未來就有更大的可能與希望。

● 採納創意，而非消耗創新能量

我認為，企業面對教育創新團隊，能支持就盡量支持，但更重要的是「如何讓企業體本身就符合教育意義」。平常在公司經營上，以及對員工的生活安排上，包括提供的福利、成長課程，本身就是對「教育」的投入。某個程度上，好像是企業在改變員工、教育員工，但實際上也是間接讓員工以新方法對待自己的孩子。

另外，企業也可以透過商品或是形象廣告，對外宣傳某些事情與價值，這些行動本身都具有教育意義。企業把教育落實在企業經營中，以及對社會的影響中，企業也間接在做教育。當所有人都重視教育責任時，我們社會在看待企業形象時，不會只在乎這家企業賺了多少錢、每年營收多少，而是辨識這家企業背後的價值，當我認同這家企業的品牌形象，我就會消費這家企業的商品。

企業具備社會教化的責任，它即使沒有教育基金會，也未投資教育創新，但當企業把「教育」當成社會責任時，就有永續經營的可能。因為具有社會責任的企業把員工跟消費者都當成企業的一部分，每個人的所作所為都跟教育有關，企業可以引領社會往正向循環的方向前進。

其實，有這麼多教育創新，我們看到表面的光明面，但有沒有看到背後的黑暗面？每年有很多人創業，也有很多人消失，最後NGO、NPO能募到款、存活下來的有多少？而以商業模式經營的又能有多少？蓬勃的同時，消逝的也很多。更重要的是，政府要靠這群人解決全部的教育問題嗎？

教育創新產業近幾年百花齊放，可歸因於天時、地利、人和。首先，年輕人進社會時間往後延，很多人一邊念書一邊創業，加上低薪社會、年輕人追求自由，寧願創業不進企業。此外，網路的發展讓年輕人降低行銷成本，他們比上一世代善於使用數位工具，善用數位時代的紅利，Z世代很會表達自己的看法，願意爭取與付出，有很多發聲管道，容易集結同溫層，讓他們的力量透過社群平台快速擴散。

這群教育創新者總是能在很短的時間內，快速掌握教育現場的問題與脈動，很快的調整表達方法，又能獲得支持。加上主管機關願意「靠近」這些年輕人，給予年輕人舞台與能見度，但我也衷心希望政府與企業是真心採納年輕人的意見，而不是消費耗損得來不易、蓬勃發展的教育創新能量。

3 社會是教育最大的場域

每一個大人都肩負教育的責任

我總說，生活的一切都是教育。

台灣社會向來把教育劃出「疆界」，離開了教室，離開了學校，就不算教育範疇。

國外又是如何呢？曾經跟新加坡的老師聊起，他們的學生從小學開始在某一段時期，要去馬路上販賣東西，跟每一個路過的大人說明自己商品的發想與創意。而路過的大人只要有空，就會停下腳步傾聽學生說明，並且把他們當成大人看待，不會因為他們是學生而放水，或因為學生身分、認為是學校實習活動而不理睬。

● 如何營造出「教育」環境

但我觀察到台灣卻不是如此，當孩子離開學校，去馬路上或跟店家推銷商品時，多半被認為是「干擾大家的生活」，店家也不會給好臉色。

曾經有位南部的國中教師就提到這樣的困難，第一個班級去訪問過學校附近的多間店家後，第二個班級再去就被拒絕了。

大家對於孩子成長的重視，應該是一個國家很重要且根本的事情，每個人都對於這件事有責任。生活若與教育是一體的，所有人應該都支持這件事情，可以傾聽學生意見，並且指導他們，讓他們得以盡快進入社會常軌。

當學生離開學校場域時，他們的學習就被迫中斷，這相當可惜。如果社會上每一個人都有共識：「學習隨時都在發生」，也認同「讓學生對學習產生興趣」，要讓每一個孩子跟世界接軌，社會就必須盡可能協助。舉例來說，國外常看到很小的孩子親手做產品，然後到馬路上想辦法推銷掉，社會上也多能理解這種訓練活動，因此大人走在路上看到，也願意花幾分鐘聽學生如何推銷自己的產品。這對孩子的成長很重要，他們才能在真實世界學到東西，而不是埋頭在校園內研讀理論。

社會上某些企業或某些人面對教育的態度往往是「只想從別人那裡得到好處」，只關心自己領域的人才是否足夠，不關心其他領域的人才，就會陷入本位主義。事實上，社會或產業，除了關心人才問題，關注中輟生更是值得大家多付出心力，因為少子化的社會中沒有一個孩子可以被放棄，當一個孩子被社會放棄，表示必須有另一個孩子要負擔這孩子未來的一切。即使每個人只關心自己的孩子，也應認知到，只有自己的孩子優秀是不夠的，整個大環境還必須能讓優秀的孩子發揮才行，所有的孩子都可以找到未來，大環境也是相對友善往進步的方向前進，對你的孩子才有好處。

社會發生的一切事情都會為孩子帶來某種教育示範，有這個認知，你就會抵制製造紛亂的媒體，抵制會破壞示範的事件發生，因為社會所有的事件都是孩子學習的一部分。法律是最低標準，但孩子的未來必須高標來看待，社會也就會更注意大環境惡化的情形。但假如社會抱持「我的缺乏，由你買單」，都希望別人為自己付出，希望別人來解決自己的問題，就很難出現正向循環。

● 每一個大人，都肩負教育責任

有些國家面對「教育」不分你我，也不認為只是學校老師或是家長的責任。一個孩子長大成人，需要全體的力量，社會上每一個大人，都應該肩負教育的責任。也就是，大人有義務成為下一代的「示範者」，並且協助下一代理解個人與社會之間的關係。

日本社會很重視培育下一代孩子了解社會的能力，協助他們在社會中找到自己的定位，定錨準確，人生道路才不易偏離正軌。更重要的是，把「教育」擴大為社會人人有責，可以讓政策擬定時較為全面，而不只是教育政策跟教育有關。所有的政策都會肩負「教育示範」的責任，因此社會上百工百業也應體認自己對「教育」有責任。

日本許多企業都設置「見學」用途的觀光工廠，初衷跟台灣很不一樣，企業不是為了發展觀光財而設置，而是為了「教育」下一代，在企業內設置某個區域，讓學校帶著孩子來參觀，了解企業在社會扮演何種角色，藉此讓孩子理解：社會是由於許多人的付出，才成就現在食衣住行育樂都不缺乏、豐足無虞的社會，我們必須對這些人的付出懷著感恩之心。

這種潛移默化的教育，從小學階段就開始實施。日本的小學從低年級開始，學校會讓小學生了解住家附近有什麼店家、賣些什麼東西，從自己的生活周遭開始認識，並透過寒暑假的主題作業，讓學生去訪談住家附近的商店街，偏鄉沒有商店街的學校則讓孩子認識住家附近小河裡的動植物，或是草地上可以觀察到的小昆蟲。

升上小學高年級後，學校則會安排水電瓦斯等「見學」，前往參觀自來水廠、電力公司或是瓦斯公司。這些企業也很習慣，每到某個時期，就要頻繁的接待小學生，他們有專門的人員負責接待，並且用心製作適合小學生理解的動畫影片，這些都需要企業精心打點及編列預算。

等小學生來參觀時，接待人員便播放這些動畫影片，同時輔以說明來讓學生理解。比如水電瓦斯的運作流程，其背後要花費多少人力、時間，才能夠順利運送到每個人家裡。透過影片與實際參觀，讓孩子從小就明白「社會」這個大機器如何運作，每天開燈、打開水龍頭、洗熱水澡時，背後有什麼製作原理，以及蘊含多少人的心血付出。

除了培育感恩之心，孩子也容易理解「職人」的精神。社會透過百工百業支撐，每一個行業、每一個領域的人都很重要，不應該有「士」、農、工、商，唯有讀書高的價值觀。也因此日本設置許多專門學校（類似台灣的技職體系），不是人人都視升學為唯一正途，而且這些專門學校培育出許多一流的專業人才，遍布世界跨國企業。這種價值觀的培育，無法只依靠學校或家長的力量推動，企業、社會的每一份子，都得肩負這份責任。

記得小時候在新莊讀書，那裡有養樂多公司、味王醬油工廠。學校舉辦郊遊遠足時，會去這些工廠參觀，孩子對於自己居住的城市有哪些企業，自然相當熟悉，而且有份土親人親的感情。但不知不覺間，現在多數學校舉辦的旅行皆以玩樂為主，欠缺學習成分，企業也未協助參與。學校教育與社會隔著一道高大的牆，很難跨越，得等到學生畢業後，踏入職場才開始認識社會，而且多數人並不認識自己土生土長的環境，相當可惜。

新加坡、韓國、台灣的升學主義，培養出想成為白領階級、想當領導者或統治者的價值觀，這些都來自從小教育的氛圍，並沒有營造出對專業人士的尊重；我們對於人的尊重往往來自「賺多少錢」或「管多少人」，對行業的理解很淺薄。這樣的氛圍讓老師失去方向感，學校也失去教育理想。

孩子長大成人離開學校之後，很少有機會重新被教育，但假如社會每一份子都肩負起教育責任，仍有機會改變、翻轉價值觀，讓每一個進入職場的人變得更好，社會才會更理想，朝正向的未來前進。

● 社會氛圍，新聞媒體的責任

除了一般企業，我也想談談新聞媒體的責任。多數人都是透過新聞媒體來認知教育環境，因此，有必要理解「教育新聞」的目的是什麼？最基礎的是媒體介紹教育政策，或是宣揚好的示範，再來是如何支持好的老師、好的學校與好的政策。即使是欠缺周延的教育政策，新聞媒體也可以對於欠缺的政策做出平衡客觀的報導。

但如果教育新聞是綁在政治或是意識型態的基礎上，就完全違背教育本質。我們都認同政治力不應該干預教育，因為教育是為了下一代，為了讓國家未來更好，但當我們認同政治力不應該汙染教育時，教育新聞卻跟政治或是個人偏好綁在一起，變成「披著教育外皮的政治新聞」。

很多政治人物尚未理解教育政策時，就開始採取偏頗的立場批評，這些批評聽在教育現場的人耳裡，相當不專業也不周延。然而，往往這些政治人物的發言，會在新聞媒體中被放大，形成輿論後，不明就裡的多數人以為政治人物對教育的解讀正確合理。但事實上，政治人物對教育的不專業或片面理解，扭曲了原本正確的政策，最後卻要因為被放大聲量的政治發言，來修改原本合理正確的教育政策，這豈不荒謬？

每一個新聞媒體都有政治立場，但教育新聞必須回到教育本質來探討，而不是用政治角度來分析。比如歷史課本的「去中國化」是教育新聞還是政治新聞？本質上它不是教育新聞，新聞媒體不應該把它包裝成教育新聞，新聞人員應該具備這樣的素養。我們培養新聞媒體人才時，最應建立的不是技術性能力，而是中心價值，目前教育大環境下幾乎都在培育「技術」而不是中心思想與核心價值，把每個人當成「工具人」來養成。

很多教育新聞記者，表面上採訪很多學者專家意見，但最後剪輯成表述某種政治立場或是某種意識型態的報導，這些學者專家無意中變成政治打手，或是莫名的為政治背書。事實上，教育界的學者專家很不希望政治介入教育，更不會希望自己成為政治立場的打手。

因此，社會上各行各業都肩負教育責任，教育從來不是一個家庭或一個學校的責任而已，新聞媒體、百工百業都是下一代的「示範者」，當年輕人總說「我不想成為像你們這樣的大人」時，每一個大人也許要反問自己：「你成為自己理想中的大人了嗎？」

4 營造支持創新的文化

親手創造，才會尊重智慧

因為全球經濟成長，各國積極推廣觀光，使得旅遊更形便捷，再加上廉航崛起，讓旅遊業快速發展。觀光業的蓬勃除了是全球化趨勢的推波助瀾，更多的是人們對於生活品質的要求，才對於觀光休閒產生重視。然而，人們對於觀光旅遊的需求大幅提升的同時，觀光業本身的品質提升呢？觀光地的特色發展呢？這些是否也提供了人們有品質的旅遊生活呢？

在台灣旅遊最讓大家感到好奇的是：不同地區卻都能買到相同的紀念品，不同地區卻有相似的造景或設施，不同地區的夜市都是相同的小吃。慢慢的，我們覺得到哪裡都不新奇了，因為都太像了。就如同現在許多地方都設置了打卡點或是網美牆，短線的爆紅成為商家與遊客最想追求的。

● 因為認同，所以承擔

根據世界經濟論壇二〇一七年的「全球旅遊業競爭力」報告，在全球一百三十六國中，台灣排名三十，我們的優勢是交通與服務業的品質及便利，而弱勢便是旅遊服務設施、自然資源、環境永續度等面向。

我喜歡自助旅行，所以出國旅遊時，都盡可能不安排緊湊的行程，因為我想要慢慢感受當地的生活。走在異地的巷弄裡，看著每一棟房子的建築設計，看著公共區域的規劃，看著人們如何生活，這比起到旅遊景點更讓我感到有意義，也更讓我放鬆。反之，如果在台灣，我們如何感受不同地區的生活呢？

陪伴台東的學校發展課程時，聽到校長及老師分享，地區的農業常常會因為哪些農產品比較熱門，大家就全部改種，像這幾年很流行的紅藜、洛神等。

台東多數的老師不僅是教書，更將孩子生長環境的發展放在心上，思考著如何讓孩子能夠認同所在地區，進而未來有機會承擔地區的發展。不僅是台東，所有鄉鎮都是一樣，學校與社區的關係十分緊密。

如何在求學階段便能夠真正認識所在土地的過去與現在、美好與獨特，讓孩子能夠認同與欣賞生長地區的獨特性，才可能讓孩子扛起這個地區的未來。然而，老師總是因為擔憂該地區的困境，亟欲讓孩子認知到所在地區的問題，希望孩子能正視這些問題，並在未來能夠解決它。我總是提醒老師們：「如果沒有先讓孩子認同生長的地方，一下子就把這麼多問題攤在他的面前，他會離開得更快。」

那麼多的課程讓學生做地區旅遊祕境的ＤＭ、地區介紹影片，或是地區導覽等，如果只是停留在表面的認識或是表達能力的培養，那就可惜了這樣的課程。這些任務往往是促進學生重新認識生長地區的手段，藉由完成這個任務，讓學生以全新的視角及方式和地區的人事物互動。如何能讓外地的人們真心讚嘆這個地區的美好，學生必須真心愛上這個地區，才可能表達出它的美好。唯有愛上它、認同它，才可能完成課程的任務。

認同所在的地區，才不用在面對問題時全盤否定這個地區，並企圖改變一切，快速獲利，讓這個地區的過去、現在與未來斷絕。

要真正解決地區發展的問題，必須深入了解它的獨特性，並運用它的獨特，找到新的實踐方式，這也是許多協助地區發展的NGO、NPO和社會企業所努力的方向，透過社會設計，找到新的可能，比如青銀共居。然而，發展地區的責任不可能永遠依賴外來的力量，更需要的是如何讓當地人願意投入，特別是在地的年輕人，那才是能夠永續的方式。

● 守護特色的創新才能永續

國發會將二〇一九年訂為「地方創生元年」，希望年輕人回流，自發性跟地方人士一起面對問題，這其中更包含了面對人口流失的問題。如果能夠以地方生活圈去思考問題，就不會只是思考就業機會，而是系統思考教育、產業與環境等情形，才有可能兼顧發展與生活。

我從二〇一八年開始，便在台東縣陪伴許多國小發展課程。其中一所遠離市區的小校，在台九線附近，是個以原住民及客家人為主的地區，學校每個年級只有一個班，而且人數愈來愈少。這個地區也有人口外移的問題，老師雖然都不是當地人，但覺得有責任讓孩子知道地區發展的問題，也期望能夠扭轉人口外移的情形。

在我進到學校之前，學校的課程已經重做了兩次，所以在我第一次入校陪伴時，便告訴老師們：「這次課程做完就不要再重做了，我們一起好好發展。」老師們原本就已經對主題有規劃了，我的協助只是讓他們反思，透過這些主題，到底想要讓學生掌握的關鍵理解是什麼？這樣的聚焦，讓老師們對於主題有更多的想法，也將六年的課程做了更深刻的連結。

一年級讓孩子與社區的建築建立關係，發想自己想要的房屋樣貌；二年級聚焦在色彩，觀察學校與社區的色彩，找到最具代表性的顏色及其意義；三年級開始動手耕作，農業是這個地區主要的產業，參與耕作不僅能讓學生體驗農耕，更能思考不同耕種方式所代表的意義；四年級則開始認識校園與社區的自然環境，區別原生種與外來種的植物，並思考生態的意義。透過四年與地區的連結，讓孩子熟悉這裡的一草一木，透過參與，跟地區產生更深的連結。

五年級起，大家開始帶著孩子認識地區的人文歷史，了解其發展與變遷，更探詢面臨的問題與困境。六年級，則期望能從地區的尺度放大到整個台東，來思索問題真正的脈絡，最終在畢業之前的最後一個學期，開始思考自己的未來，三十歲的自己如果留在這裡，會做著什麼樣的工作呢？這樣規劃的目的當然是期望能讓孩子將留在地區發展做為生涯規劃的選項之一，並能夠意識到將自己的生活圈擴大到整個台東，能夠選擇的就業可能性就更大，對於未來的想像也就有多樣的可能。

讓孩子們先認識地區、參與地區，並能真正喜歡地區，是我們陪伴學校發展課程常常運用的模式，特別是人口外移嚴重的地區，先讓學生認同所在地區是很重要的。

唯有當孩子真正喜歡生長的地方，才有可能以正向的態度來面對地區發展的困境，也才會珍惜與保護地方的特色。不讓自己的家鄉因為追求短線而失去原貌，這些是透過教育想要傳達給孩子的。一旦家鄉和其他地區變得一模一樣，便是它走入死路的開始。

● 不尊重智慧財，造就低薪社會

有些學校設置小田園，讓孩子體驗蔬菜水果，從栽種到結果有多麼困難，不灑農藥的話要花多久時間、花費多少力氣，孩子才可以理解，灑農藥與沒有灑農藥的蔬菜水果，為何價格相差這麼多，因為背後花費的時間與人力差別很大。如此一來，他日後就願意花相對較高的價錢去購買沒有灑農藥、要花費很多時間種出來的蔬菜水果。

從孩子們小時候便讓他們重視事物的意義多過利益，這是建構尊重智慧的社會很關鍵的一步。炒短線的做法不需要太多智慧與時間，需要的只是模仿、抄襲與複製。

如果孩子從小沒有自己經驗過創造的過程，沒有自己真正從無到有完成過一件事情，我們很難期待他們長大後會珍惜他人的用心付出。不願意珍惜他人的智慧、時間與付出，我們便不可能願意花較多的金錢去購買有品質的商品，企業寧可薄利多銷，講求獲利而不願意投資在人才上，那麼就更少人願意投入時間與智慧進行創新，形成了惡性循環。

在某次論壇中，一位現場聽眾提到低薪環境的問題，詢問台上與談人的看法。我不否認企業有責任，大型企業如果是靠著員工的智慧才能創造高獲利，我相信他們會慎選人才並珍惜人才。然而，對於許多規模或屬性不同的產業，如果在削價競爭上，寧可選擇薄利多銷，不願意花費精神來創新，那麼低薪就成為必然。

但反過來思考，如果消費者寧可花錢買很多便宜的「想要」，卻不願意花錢買一件有品質的「需要」，我們是否也間接加劇了低薪社會呢？

教育創新產業雖然蓬勃，但普遍存在著低薪的問題。年輕人不欣賞傳統企業的做法，也因為這些企業習慣透過低成本來競爭，因此薪水絲毫不吸引人，這一代年輕人寧願創業，也不想進入傳統企業。但低薪又是從何而來？部分教育產業屬於非營利組織，經費來源有限，然而即便是營利組織，人們願意花多少錢購買這些辛苦開發的教育商品呢？

我認為，追根究柢，低薪來自於大家不願意尊重智慧財，而不尊重智慧財的習慣來自於，我們的成長過程沒有體驗過創作，不曾感受從無到有的完成過程有多麼困難。

當社會都願意尊重品牌與智慧，願意消費高品質、有創意的產品，不去買仿冒品，愛用可以保護環境的商品，你從事這樣的工作就容易得到好的薪水，正向循環才會出現，員工低薪與企業低利的問題才有機會同時得到解決。

● 人永遠是最值得投資的標的

過去，學校的學習環境與學習過程很少有這樣的體驗，多數的經驗都是「速成」。我們在求學經歷中只要背完書、考完試，自己的工作就完成了，很少經歷「親手」製造完成一件東西的經驗。

說得更簡單一點，很多父母沒有讓孩子做家事，或經歷獨自出門、購買生活用品等經驗，他自然不知道這麼多送到他眼前的結果，經歷過哪些歷程。所以成年後不會尊重「別人的智慧」，不會尊重所謂的從零到有的創造與創新，也就變得理所當然。

再拉高至社會環境中來觀察，普遍多數人也是如此，不懂尊重別人的智慧與創新。我們計算商品也是如此，只計算材料成本，卻從不估算「人」設計商品、「人」包裝商品的成本。因為我們很少經歷動手做的經驗，無法體會「人」在商品製造過程中的價值。長久下來，這種價值觀會影響家庭教育、學校教育，還有職場環境，我們無法創造出可以支撐創意創新的環境。

家庭教育、學校教育以及社會若都是如此，我們就無法創造出可以支撐創新、跨出舒適圈、勇於嘗試、重視智慧財與共構未來的友善環境。美國教育家杜威強調「做中學」（learning by doing）的教育方法論，強調讓孩子在動手做的過程中反思，去思考創造背後的意義。不過，很多人誤解杜威的意思，扭曲成只強調「做」，而忽略了動手做是為了讓孩子有機會透過親手做來反思。比如我們強調「粒粒皆辛苦」，只要讓孩子親自耕作，就能體會什麼叫做「辛苦」，「做」只是創造出孩子的經驗，透過經驗來反思體會。

但假如父母也想要速成，只在乎成績分數，把孩子送去補習班最快速。今日台灣補習班這麼多，就是呼應父母想要速成的結果，父母不在乎孩子學習的根基穩不穩，只在乎「趕快看到分數進步」。

長久以來，社會的問題都不是單一環節的問題，而是環環相扣累積下來。讓下一代孩子透過面對真實問題與實踐反思的經驗，培育他們面對真實世界的合宜態度，以及理解與解決問題的能力，我們便是在創造二十年後的社會。

PART 4

政策篇

教育理想的堅持

改變帶來希望，「未來」要靠大家一同走出來。「對的初衷」加上「堅持執行」，教育政策才能落實，教改才能成功，我們才能迎來美好的未來。若好的政策無法落實，孩子的未來也將變成一場空。

大人勇敢起來，貫徹正確的政策，堅持把對的事情做好做滿，廣大的下一代才能受惠。

1 教育政策不是政治績效

孩子的生命發展重於政治角力

教育或許比其他面向的政策更需要有延續性，一個孩子從國小到高中至少十二年，如果再加上大學，那就有十六年，這麼長的時間，大環境便至少會經歷兩次課綱改變，兩次升學方式改變，地方主管機關也許還有些計畫或政策。每次的政黨輪替，讓人好奇的是教育政策是否也被輪替了。

● 教育政策不能炒短線

社會多數人認為政治不能介入教育，要讓教育政策夠專業且潔淨，不能讓政治人物拿下一代的教育方向當作籌碼，更不能讓教育決策變成政治利益的角力場所。教育現場的人更是這樣深刻期盼著，因為，我們更關注的是孩子的生命發展。

但我知道這些都只是理想，教育很難置身政治之外。二〇一四年我擔任台北市課督，社會上正在如火如荼的討論高中免試入學，當年正好是縣市長選舉，朝野政黨輪替。台北市長郝龍斌與柯文哲剛交接，北市府小內閣也更迭，教育局長從林奕華變成湯志民，教育政策方向也跟著改變。

我深刻感受到教育無法不被政治力影響，但並不是所謂的政治意識型態介入教育政策的擬定，而是教育政策能否一致性的延續下去。教育界常常面臨一種困境，教育首長換人，重點教育政策就會跟著改變，即使做的事情跟過去一樣，也要換個名稱，包裝成新的教育政策。沒有政黨願意延續上一個執政黨做的事情，或希望能夠推出新的政策，擁有自己的政績。

當教育方向改變，在那之前所耕耘的事情有可能必須中斷，也可能可以繼續，但缺乏足夠的經費與政策支持，每每這樣的改變發生，就讓教育現場無所適從，甚至讓原本投入者被不同立場的人嘲諷。尤其是當教育變成量化的數字績效，教育現場的人只能疲於奔命，拚命想提出證據來證明所努力的事情有意義，以便說服長官能夠繼續支持，但偏偏教育的成效都不是短期可見，就這樣，原本的投入可能就一夕歸零。

教育現場工作者最能感同身受，尤其百年樹人，育才養才都非一蹴可幾，教育的成效很難短時間呈現出來，因此教育官員最容易被檢視、挨罵。而當政治人物需要聲量曝光時，政策就容易炒短線，上一任的教育政策也不容易延續下去，基礎的教育工作更不會被青睞。

比如最近的教育改革「一〇八課綱」的推動，新課綱的研擬其實費時很久，但爭議也看似很多。只要執政黨輪替，即使是前朝研擬拍板定案，變成在野黨之後，也要來反對當時自己任內研擬的課綱，變成「自己反對自己」。多數人應該認同，教育現場最不樂見「用政治利益來分析教育」，我們希望政黨能累積彼此的教育成果，不應該只剩下相互批判，畢竟我們對下一代的期待與心願都相同，沒有人希望壞了孩子的未來。

● 反對的是課綱，還是人？

政策的形成需要折衷，但是當教育政策變成政治人物的績效時，教育現場就無法信任政策的擬定。一〇八課綱的形成與上路，最能凸顯這些政策問題，過去有好長一段時間，政黨之間對於一〇八課綱爭議頻頻，最讓朝野爭論不休的是歷史領綱調整，朝野兩黨攻防把課綱焦點限縮在歷史領綱增加或刪減了什麼內容，但卻沒有一個政治人物問問：「歷史領綱改革的目的是什麼？」沒有人關心一〇八課綱改革的目的是什麼，在這個大框架下，為什麼要調整歷史領綱？調整後要達到什麼成效？教改是為了培養出什麼樣的下一代與未來？

在這裡，對於這一次具爭議的歷史領綱風波，我就自己所理解的部分提出看法。這一次歷史領綱在國中仍以編年史的方式進行，而高中則規劃從不同時代的歷史探究，期望學生能真正體會歷史學習的意義，然而媒體卻將重點聚焦於三個「分域」。如同社會領綱研修小組召集人張茂桂老師所說：「從台灣這個主體開始認識歷史，對台灣由多元族群組成的未來公民而言，是無庸置疑的。」當討論從這個部分切入後，便不難發現，這一代的孩子不只是從我們過去的視角切入歷史的學習，更要廣泛包含過去與台灣有許多互動的亞洲、大洋洲等國家的認識，才能更完整的探討台灣的歷史。當然，這樣的改變對於現場的老師是一大挑戰，必須重新備課，但因應時代的改變，教育內容的改變不僅是發生在台灣，更在全世界一波波的推動。

雖然喜歡聽歷史故事的孩子不少，但過去歷史教學強調背誦知識，只是讓孩子把重複的歷史知識反覆不停的背誦，以致於孩子根本無法在歷史事件中找尋意義，無法感受鑑古知今的樂趣。歷史事件對孩子而言，只是一樁一樁的「過去式」，他們無法從中獲得與現代社會的連結，更無法透過歷史事件獲得人生反思。

如果這樣，重新思考歷史課程的意義，重新定位它，似乎是必經的歷程。領綱的調整是為了在國中時期把整個編年史講完，孩子升上高中後，可以依照主題探討歷史，看同一個事件的發展脈絡，並理解這個事件跟前後歷史之間是否有關連，是不是可以鑑古知今？而且我們所熟悉的歷史事件中，是不是在不同的時期或不同國家有類似的事件相繼發生？這種主題探索的結果，孩子因為得深入分析，需要找很多歷史資料，高中時期不需要背誦知識，而是引導孩子透過主題式研究來蒐集更多史料，了解這個事件與相同時代不同事件的相關性，甚至可以預期未來是否可能發生類似的事件。

藉由史料的研讀，釐清史實，提升學生的歷史思維，這才是歷史領綱變革的真正精髓。並非否定過去我們所學習的歷史，而是面對現在與未來，孩子多了不同的視角，豐富對於世界的認識。因此當朝野不問改革目的，不問前因後果脈絡，就先入為主批判對方的執政，其實都是出於政治考量，把教育政策汙名化為政治工具，如此一來，政黨也許獲得短暫交鋒的勝利感，但實際上國家付出的代價極高。

● 政策短線操作趕流行，誰受惠？

人民的眼睛都是雪亮的，長期下來，人民不再相信政府會為了教育而努力，他們認為所有拋出來的教育議題都是為了政黨攻防，有特定的意識型態。更悲觀的是，政治力強力介入的結果，會讓教育文官與教學現場的人失去信心，無法信任下達政令的人，現場執行者將瀰漫著「不管誰執政都一樣」的敷衍心態。

久而久之，教育文官與教學現場的人逐漸冷眼旁觀，久了就會變成「不問為什麼，只要乖乖聽話做事」，形成沒有意見也沒有想法的教育行政體系。這樣的教育行政體系並不理想，教育政策重心容易產生偏離。

此外，台灣的教育政策常常淪為短線操作，追求某種流行，比如某一陣子地方縣市一直推動「雙語教育」或「雙聯學位」，但這些教育政策是不是普遍性的學子受惠，還是只是少部分且不急切的人受惠？這些教育的長遠規劃圖像又是什麼？

又如同「實驗教育」，政策最初設定的初衷是提供法源依據，但對於實驗的目的、課程的規劃、教學的安排與學習的轉變，是否真的到位？學校是否得到足夠的支持與協助？又或者確實有部分學校是因為生存問題而轉型？

每一項教育政策的決議都應該經過通盤考量，甚至是與許多政策妥協的結果。因此，當政府推動突如其來，或是趕流行、跟風的決策，很容易排擠原本行之多年的業務與預算；當執行中的業務被迫中斷暫緩，甚或在預算斷炊的情況下，政府變成了「政策殺手」。

每一項教育政策都可能是兩面刃，每每看到短期操作或是如雨後春筍般產生的樣態，都不免對於學校永續與學生學習感到憂心。如果不是要求學校快速拿出成績，而是真的因應地區發展與教育需求，讓學校的課程教學能有更完備的發展，這樣的政策才值得由政府用預算來強力支持，更周延的推動。

事實上，除非行之多年的教育業務已經不合時宜，需要與時俱進，才有必要進行調整，而且調整的方式與過程，也應該長期且周延的討論。突如其來的決策會影響教育現場的穩定性，拿A政策來排擠原本B政策的預算，政府其實間接創造了不平等的社會。為政者不可不慎思，更不該不尊重現場，而任務改變與「指導」教育政策的方向與推動，其所產生的影響可能長達數十年，其後果則是社會共同承擔。

2 課綱與考招變革，二十年教育大躍進

期待一〇八課綱真正上路與落實

二〇一九年推動的一〇八課綱教育改革，引發社會極大討論，因為改革影響了國小六年級、國中一年級與高中一年級的孩子，這些孩子的父母，以及教學現場的老師，都是必然的當事者。

● 教改兩大痛點

每一次的教育改革都有背後的「為什麼」，必須知道背後原因，才能理解改革的形成緣由、改革內容初衷。人生經歷很神奇，原本我也是「被改革」的

一份子，在教學現場按照新課綱執行教學，但一〇八課綱推動前，因為國立台灣師範大學陳佩英教授主持高中優質化計畫的緣故，我有一段時間積極投入協助高中現場，發展相關工具，提供許多可行的模式，協助學校做課程整體規劃。當時一個月內可能得辦理至少三場工作坊，有時候更需要進入不同地區或學校實際支援。支援的方式除了分享自己的經驗，也提供明確的發展步驟，幫助老師們能夠與學校行政一起規劃新課綱，也讓大家的理想變得更明確與可行。甚至到後期，也有機會協助沒有參與高中優質化計畫的學校，以及素養導向課程的推動，幫助學校與老師更容易掌握如何發展課程，以及進入教室後如何操作。

然而，課綱的改變與現場的改變是否真的同步了呢？

一、教改沒有在教學現場實踐過

如果要討論前一波課綱的國中小「九年一貫」與「高中九九課綱」成功了

嗎？或許該先討論的是這些教育變革真的上路、落實在教育現場了嗎？我長期在高中現場耕耘，對於國中小的學校運作是在離開公立學校後才有更多機會可以參與。深入各學習階段學校的經驗，讓我發現，不僅是許多高中學校並沒有真正落實前一部課綱（九九課綱），連許多國中小，特別是國中，也沒有真正落實九年一貫課綱。

如果課綱的頒布與落實沒有同步，那麼每次的教育改革如何評估學生學習的改變？又如何決定下一次的改革落在哪種基礎上？以及該往哪裡去？課綱改革往前走，但是教學現場不一定是往前走，我仍會觀察或聽到不管什麼改革，仍會有老師永遠拿十年乃至二十年前的筆記上課。

如果教改沒有在教學現場實踐過，將不會有人相信改革會成真。課程與教學改革的發展與實踐平衡了嗎？上一次教育改革沒成功，而完全沒遵照教育改革的人也沒受到懲處，既然如此，為何要勤勤懇懇推動教育改革？所以，很多時候原本衝鋒陷陣的改革派會轉變成阻礙改革的反對黨，因為推動改革到最終是一場空，導致很多人逐漸選擇冷眼旁觀。

二、期待老師創新教學，卻用舊方法培育老師

更弔詭的是，我們期待老師教新內容，透過生活情境來教學生「素養」課程，但是我們培育老師的方式從來不是素養導向，老師要如何教好素養？

什麼是老師專業成長的真實情境呢？就是發展真正要上的課程，而不是聽演講，更不應該是參加工作坊，只是照著步驟，在便利貼或海報上寫滿教學內容或學習活動，卻不知道課程發展流程的真正意義。

家長遇到的困境也很相似，他們人生的成功方程式跟現在的世界不同，他們過去接受的教育是「分分計較」，強調升學主義的求學歷程，跟現在強調素養、多元價值觀迥然不同。如何了解孩子們將要面對的教育是何種樣態？要如何成為學校與老師的支持者？自己又應該如何陪伴孩子呢？我們總是跟家長說著理念、變化或升學，更多關於家長的角色，卻提供得很少。

● 教改必須跳躍，世界無法等待台灣準備好

教改常常遇到不少反對意見，因為多數人僅依靠片段訊息來理解政策全貌。這次課綱的變革是二十年來最大的變革，紛紛擾擾多年，社會也有極大反彈，認為改變太大，家長與老師都跟不上腳步。

但我認為改革必須跳躍，改革已經無法漸進而行。主要原因是過去九年一貫和九九課綱無法落實，前幾次的教改沒有好好落實，導致現在教學現場有一種「跳躍」之感。事實上，一〇八課綱很多核心精神，在九年一貫與九九課綱中已經揭櫫，比如當時教改已經容許學生可以不選課，但學校卻未落實，沒告訴學生擁有不上課的自由，可以實質進行「自主學習」。過去教改沒有真正執行，也沒有檢核改革成效，導致教學現場現在面臨一〇八課綱中的自由選課、自主學習等，遭遇到極大的困難與困惑。

世界無法等台灣準備好。世界已經翻轉好幾次了，如果教育還停留在二十

年前，無法協助孩子面對變化更莫測的未來。所以這一次我們要跳躍二十年，雖然很辛苦，也會有許多困境和疑惑，但是世界持續變動中，我們必須有共識：「時間不等人」。

當然，每一次的變革，最不安的都是教育現場。現場慌亂，有人恨不得延後實施，或是心存僥倖希望政策根本無法落實，也有人冷眼旁觀等著看政府好戲，教育現場對政策充滿不信任感。

當然，有些不安的原因來自課綱配套政策研擬過程產生的爭議太多，二〇一四年總綱公布後，配套政策直到二〇一六年十一月才開始開會討論，中間還遇到政黨輪替，許多討論需要跨部門，而每一次課綱研訂的會議，出席的代表成員也沒有完全固定下來，沒有一個單位覺得「這與我有關」。政府參與的單位太多，多頭馬車的討論會議，過多的配套同時進行研訂，各承辦人或承辦單位忙碌之餘，是否能夠顧及全面性來做整體的擘劃，是一大考驗。

教育部國教署的課綱配套法規研議，直到二〇一八年七月底才完成，而後二〇一九年就要上路。一〇八課綱是第一次大規模變革的教育政策，不僅缺乏更周全的實務規劃與試行，也缺乏對於教學現場困境與解方的預擬，許多政策配套並非在課綱擬定時同步開展，當然會手忙腳亂，教學現場適應不及，出現很大的溝通風險，更容易產生反彈。不過，我認為即使全盤檢討重新再來，若不改變各主管機關之間的運作方式，仍會像現在一樣混亂。

每次的教育改革都需要時間才能穩定，尤其這次的變動較大，需要更長的時間才能讓教育現場都理解與接受，如果能夠在上路三年後穩定且真正落實，才可能期待孩子未來的改變。

● 政策擬定必須克服現場執行的困難

造成教學現場混亂的原因，來自政府與現場的思考方向是否一致。政府執行政策的單位很多，規劃課綱者一定有初始的設定與期待，但如何執行、如何落實的方法與檢核又由其他單位主責，因此，規劃與執行勢必產生衝撞與落差。

另一個我想討論的是，落實的彈性空間。教學現場的工作人員很多，每一個人對於教育變革的期待與想像都不同，現場也有屬於現場的困難。更何況，全台灣的教學現場有城鄉差距、有人數多寡的各種不同情境。那麼，政策的落實究竟有沒有彈性空間？適應期應該是多久？彈性要多彈性？又，哪些部分該有彈性呢？

當政策落實時，難免在學校有衝撞，這時就要考量彈性的空間，能否為教育現場人員做緩衝。能夠給予彈性的應當是不會改變課綱方向的部分，比如跨領域課程的比例、自主學習的時間等，讓學校能從「開始嘗試」，到最後能「做到位」。

但對於硬政策則不允許彈性空間，必須結結實實執行，比如跨領域課程內容實為學科加強，不提供學生真正進行自主學習等，那政府就必須深入了解：「為什麼有人沒辦法執行？該提供什麼樣的協助？」

每次與新加坡老師談起他們如何面對教育部的教改，總好奇詢問是不是有老師會陽奉陰違呢？

對於我們所提出的這種問題，他們總是覺得納悶，殊不知台灣確實有老師是以不變應萬變。新加坡政府的教育改革，沒有任何打折空間，每次改變前，教育部也會花很多年的時間說明與增能，讓老師們慢慢接受改變的理念與方向，最終政策就是要落實，而現場執行者也知道這個政策無法打折，一定會想盡辦法、克服困難的落實下去。

這是與台灣最不同的地方。我會說一〇八課綱是大躍進、大變革，就是因為教改在過去二十年來並未被好好落實，七折八扣的政策，讓現場執行者覺得不一定要切實執行，而且政策頒布後也沒有人進行檢視、檢討，二十年時光就這樣過去了。

因此，這一次政府說「玩真的」，仍會有人抱持二十年來的心情，且戰且走、七折八扣的執行。不少老師這樣想著：「我也遇過九年一貫，過兩年沒人注意執行情況後，政府也就不會持續堅持落實了。」

好的政策無法落實，確實會成為一場空。然而，一場空的不只是政策未落實而已，而是孩子的未來變成一場空。

● 改革教學現場，也改革自己

台灣的孩子還有時間等待大人嗎？過去已經耽誤二十年了，這次不能再耽擱。學校教育的目的持續演化中，依據孩子發展，讓學習產生最大效益，跟學生最緊密的是老師，老師將發現，透過這次一〇八課綱變革，也是改革自己的教學法的機會。

一、學習發展的最大化

依據孩子的發展，讓學習產生最大效益，讓差異化與個別化成為課堂的常態；如果不重視每個孩子的發展，只以同一種標準來看待每個孩子，那永遠都有被犧牲的學生。

二、**學習經驗的脈絡化**

如何重新規劃？每一科學習就是在探究，張開眼到學校都在探究，老師用不同的課，也能發展成一樣的脈絡，使得一連串的課程安排能夠產生意義（知識、技能與態度）的累積，讓這些被安排的脈絡成為孩子們成長的真實經驗。

三、**學習參與的共構性**

老師用什麼姿態帶領學生？

「老師不會，很正常。現在資訊這麼多，老師為何要裝懂？」老師本來就可以不會，老師也可以承認不會，同時引導學生如何找資料。老師應在變革中承擔「引導、協助、指導」的角色。

政策。

四、專業成長的能動性

師培可不可以歸零思考？在職師培與實務結合。解決他們的問題就是對應政策。

從參與課綱到走訪現場，我深刻感受到，不貫徹政策，只會擴大孩子與其他縣市孩子的差距。因為當某些縣市很認真執行貫徹新課綱時，無法貫徹的縣市就會造成孩子與其他人的差距，老師無形中會變成耽誤孩子的大人。

為何我支持一〇八課綱改革？因為改變帶來希望。

新課綱特別提到要讓孩子具備公民意識，能夠踏出自己的舒適圈，去了解本土的事物，並且關心社會及生態議題，能對多元文化有足夠的認識和理解，甚至到國際議題的關心跟參與。

這次課綱一直強調「素養」，最核心的終極目標就是希望把學生培養成終身學習者。除了要對過去到現在累積的知識有一定程度的理解，更重要的是有辦法去學習新的東西，面對新事物有勇於探索、分析及思考的能力，能夠去規劃與執行，甚至能夠運用新的方式去解決長久以來沒有被解決的問題。

從過去到現在，我們把這個社會、這個世界搞成這樣，卻要下一代承擔，這樣是不負責任的。這次的新課綱期待孩子能夠成為有辦法自主行動，又能夠跟別人溝通互動，能夠真正做社會參與的終身學習者。我自己很認同這一次課綱變革，我必須說這個方向很明確，台灣難得有一個課綱是除了學科知識以外，又具有清楚的核心價值。

● 台灣需要什麼樣的人才？考招變革促進多元與適性

除了課綱變革，近幾年社會討論最熱烈的還有大學考試招生方式。全世界趨勢也都在檢討，過去的大學招生方式，是否能符合大學選才，因應變化劇烈的時代潮流？

台灣從大學多元入學方案實施至今，已經討論多年並持續進行中，在面對這件事情的態度與方式上並不是採用一步到位的思維，而是期望能夠漸進的發展，讓大學能夠安心選才，更讓社會大眾對於改變是信任與支持的。

比如繁星推薦最初便是先以試行的方式鼓勵大學參與，實施後，大學發現招收到的學生不論學習態度或學習成果都十分優異，社會大眾漸漸也能認同與接受此方式，繁星推薦就成為正式的招生管道。這幾年推動的特殊選才，也是如此的發展進程。

但二〇一八年以來，隨著新課綱在二〇一九年上路前後，大學考試招生制度被討論得沸沸揚揚。考試招生的複雜度來自於兩個不同階段，其中高中端涉及各類學校的期待，大學端包含私校與公校，或不同大學間的競爭。到底是大學要配合高中發展，或是高中要接受大學決定，抑或是政府應當有教育整體規劃，這些聲音都曾出現過。教育整體規劃這件事在台灣似乎不容易實現，至少在過去二十年看到的都是如此。既然無法期待整體規劃，那問題就落到大學與高中如何取得共識。

目前的升學方式是「繁星推薦」（甄選入學）與「申請入學」，再加上已經運行數年的「特殊選才」，這些都泛指推薦甄選方式，當然還有從未消失的「考試分發入學」，對社會大眾與大學、高中端都有一定的熟悉與穩定度了。有些大學偏好以甄選的方式來招收學生，但有些學校偏好用考試分發的方式，這是各個學校發展的自由，因為教育理念不同，所以不需要統一，更不需要討論哪個論點才是絕對正確，或是試圖說服社會大眾以哪種方式招收到的學生才是最優秀。

對於頂尖大學學系來說，能夠以「繁星」或「申請入學」的學生，多是高中每個階段學習穩定的學生，所以大學在學成績必然是優異的，這也就是為何曾有某大學教授說統計數字顯示「高中在校成績與大學學習情形正相關」。而對於某些頂尖大學學系而言，他們保留較多比例的名額在「考試分發入學」，因為他們相信分發的選才方式更符合自己學系的選才需求，所以對於那些無法透過「申請入學」方式進入理想科系的學生而言，堅持到七月參加考試分發而進入理想的科系，同樣也是展現自己的能力與毅力。

● 招生標準「百花齊放」，值得持續努力

所以究竟誰才正確，「繁星推薦與申請入學的學生」與「考試分發入學的學生」，誰比較優秀呢？我認為，兩者都很優秀，因為根本不同的事情沒有什麼好比較，更重要的是，每所大學期望收到的學生不同。至於哪一所大學的教育理念才對？我想也都對，因為這些學生的特質在未來都會對社會不同需求做出最合適的回應。

我不贊成大學招生也被規定成一致標準，像現在的高中入學方式完全沒有辦法區別學生的差異，要求齊頭式的公平，反而不利於學生適性選擇。要改變大家的選校習慣，需要很長的時間，但還是值得持續努力。大學呢？我期待不

要大學招生高中化，能夠落實適性選才而規劃招生方式與策略，請繼續盡心於招生專業化業務，堅持招生的自主性，能夠回歸選才的考量，透過對於現有學生入學與就學表現的比對，以及學系發展特色的分析，研擬自己的學系適合的招生管道與招生人數比例，並發展有助於選才的參採資料與評量方式。

大學決定了要捍衛的價值後，孩子只要透過不同探索、不同選課，便能展現出自己的興趣與想法，這些大學多元的招生方式，只是提供機會讓孩子的探索過程被看見。大學端想挑選的是喜歡這個科系的學生，不希望每年休學、轉學、退學的人這麼多，大學也不希望訓練出來的學生被企業界嫌棄而不選用。

隨著大學招生方式多元化，國高中時期的探索就變得非常重要，因為孩子必須透過從小到大的學習，來摸索發掘自己真正想讀的科系，因此「考試招生」不只是大學端要考慮的事情，更是國小、國中、高中以及企業界要共同關心的事情。

不管政黨如何輪替，我認為社會各界對於台灣面對的未來應該有高度共識，我們需要什麼樣的人才來因應變化莫測的世界？教育有其背後的意義與價值，每項政策都應該是追求更好的價值，每一次的變化其實都本著教育初衷，不能因為政治人物或一時的選舉，來影響長遠執行的教育政策。我認為，教育界的每一個人，都會同意「教育政策要沉得住氣，不能隨風起舞」，否則影響的不只是家長與孩子的人心，更是國家整體發展的未來。

3 政策的一致性與因地制宜

中央與地方形成夥伴關係，社會才能共好

每個國家都會對於教育現場的課程與教學實踐提供方向，有些國家的課綱或政策只規範了大原則，不明定細節，更不會規範執行方式，但有些國家則是巨細靡遺，這樣的差異除了因為國家地方幅員大小，也受到文化很大的影響。

一致性的規定有時候是必要的，因為確保了目標與方向，讓學校與教師有可以依循的原則，但在細節或做法上要求一致，卻可能忽略地區特性、學校規模、學生背景等差異，限制了因地制宜的彈性，無法提供不同地區在發展上的需求，進而衍生出種種問題。政策應該要具一致性或是保有彈性，這是個值得探討的問題。

●一致性的必要

政策一致性，一種是不同時期必須有延續性。每一個教育政策都是延續前一個政策之後，假想每一個政策目標都有長遠性，勢必分階段性實施，每一個階段都完成，才能期待下一個階段可以繼續。假如每一個階段都沒有完成，當下一個階段來臨時，就會遇到不同的困境，那麼困境到底是誰造成，最後會很難釐清。

政策的一致性，另一種便是同一時期的政策內容詮釋跟解讀也要有一致性。一本課綱，各自表述，是課綱推動過程中讓人困擾之處。不管是現在實施的「一〇八課綱」，或是過去的「九年一貫」，這樣的矛盾來自於兩個系統，一是課綱研修與課綱推動分屬兩個單位，一是中央與地方在推動上是否同步。多樣的詮釋與不一致，讓教育現場充滿困擾，也成為政策推動的不確定因素。

此外，政策精神是否順利移轉？從課研到課推，從中央到地方，落實在第一線時是否與制定時的規劃「一致」？假設每所學校實施政策時，對關鍵核心精神解讀不同，每個人都自認很認真在實施課綱，但真的與制定的政策一致嗎？

台灣的國中小學屬於地方自治，但地方自治就表示「中央不能插手」嗎？很常看到中央頒布政策，但由地方縣市推動，一旦政策無法落地推動，中央又不介入，最後只能看到政策夭折。比如「課程計畫」，中央為了讓地方推動有所依據，便訂定了《國民中學及國民小學課程計畫備查作業參考原則》，但各縣市卻可能衍生不同的審查原則與審查方式，有些地區對於參考原則過度解讀，以致於審查過嚴，有些則根本沒有審查。

教育政策屬於一個大方向，地方自治的精神應該是在這個政策方向中，針對地方的弱處進行補強，或是在大政策中，針對地方差異來做優先次序排列，但大體上的實施是跟中央政策同調同方向。

教育政策解釋與落實需要一致性，不可能教育政策頒布後，讓各縣市學校隨著自己的標準各自解讀、各自推動。

● 因地制宜的必要

台灣很小，但仍有都會區與非都會區的差別，不同性質的縣市各有其面臨的問題，實施政策的輕重緩急順序也會不同。因此在政策方向一致性上，落實也需要因地制宜。尤其少子化嚴重，非都會區比如台東，他們現下最需要的不只是課綱內容的推動，當務之急是需要處理小班教學以及基本學力的問題。

台東目前的情況是，國小班級人數往往不到十人，而且學生面臨的問題是隔代教養、家庭支持功能少。這樣的家庭環境下，加上學校人數少，接觸同儕的刺激少，要如何引導學生思考變得很關鍵。如果在家裡說話機會少，在學校又只有一直聽老師講課，同學少，會使得學生語言發展能力變慢，就更難期待他的寫作能力。有同儕可以做對話練習，學習動機與學力才會相對提升。所以少子化教學要考慮混齡，比如生活課、體育課，學生思考能力、關注他人與反思能力上，同儕的影響是關鍵。

教育部假如只是系統思考廢校、併校來解決問題，恐怕又跟地方政府想法不同，因為教育補助款來自學校數多寡，廢掉一所學校就少了補助，地方政府不會希望透過廢校來解決。併校的問題也類似，原住民區域有設校規定，即使很小也無法併校，但學生缺乏同儕互動的刺激對於發展所產生的影響，是否也應當思考與解決。

現在的教育問題不是倚賴過去經驗可以解決，必須突破框架，思考各種可能與創意。而且台東應該不是個案，西部非都會區或是農業縣市人口外移嚴重，學校多半會遇到類似的問題。

當學生人數愈來愈少時，教學方式應該如何改變？過去師資培育過程沒有類似少子化的訓練，因此當政府推動各種政策時，對某些地方縣市來說，都沒有比少子化更緊急的事情。

都會區縣市則是不同的情況，比如台北市有很多學習資源，他們面對新政策時是不是可以更往前走，以及學校面對家長時是否可以有更多溝通，讓家長更放手，讓學生自主學習的年紀更早？

都會區的問題就是要讓家長介入少一點、放手多一點，讓老師擔憂少一點，讓學生早一點獨立、早一點自主學習。

因此推動一項政策時，中央政府看待不同縣市執行的標準就應該不同，在相同架構中，不同縣市結合地方資源找到屬於自己的主軸，能多做的是什麼？能解決的挑戰又是什麼？而不是只有一種標準「落實政策」。

都會區與非都會區想發展的競爭力不同，期待學生透過生活情境來解決問題，當生活情境不同時，就不可能以相同標準來要求不同縣市。比如台東有些學校希望讓當地學生更了解自己的家鄉、認同自己生活的地方，因此課程設計就會與當地文化有關；有些台北的學校則希望學生多一點服務學習，讓學生不只關注考試，也可以真正關注他人。

● 政策推動應該提供真正的支持

在政策推動的同時，要怎麼給地方縣市彈性？地方政府的教育行政人員多半不是教育專業背景，多是通過高普考的行政人員，他們要如何把地方實際上遇到的困難與政策大方向做結合，確實需要中央或是了解在地情況的學者給予因地制宜的協助。

換言之，面臨小班教學問題，要如何讓學生學會學習，透過偏鄉的地理環境讓學生學會「素養」，他們仍可以朝課綱的大方向前進，只是要讓老師知道「在不同環境下也能不違背課綱要求」。不然對於現場多數老師而言，他們每天遇到很多棘手問題，正忙著解決處理時，新的教育政策、新課綱的執行反而變成「新增」事項，對他們來說，「飯都沒得吃了，政府卻說何不食肉糜。」要把政策與現場問題做結合，地方政府推動政策時，必須採取不同的路徑與方法，否則區域學力落差會加大。

偏鄉小校問題在台灣存在已久，小校的教師與行政人員相對於都會區少很多，對他們問題的研究也有限，中央推動大型教育政策時，要如何讓偏鄉小校理解，並且也理解偏鄉教育現場的需求與困難。我發現，偏鄉學校提出政策有執行困難時，多半反映「缺錢」，需要多少錢才能蓋多少教室、買多少設備，很少提出學生學習上有困難，「需要專業協助」。

我認為這某種程度上凸顯了「信任問題」，因為學校或老師不相信政府可以幫忙解決問題，形成地方上的學校與老師，只要經費而不要資源。

中央與地方政府之間應該建立合作關係，把事情分成中央與地方，只是區分權責而已，假如可以把地方政府解決某些問題，當成中央政府的成效，這樣有助於實質合作，也有助於中央政府對地方的同理。如此一來，當中央推動大型計畫時，大原則中可以讓地方因地制宜調整，預算補助經費中又能有一定比例協助地方解決實質問題。中央政府蒐集到地方縣市的困難後，要找學者專家合作，有系統的研究這些已經發生或可預期發生的問題。

● 中央政府與地方縣市是夥伴關係

中央與地方政府的關係，應該從現在「制定監督政策者」與「執行政策者」的關係，轉換成「夥伴關係」。中央與地方政府應該是夥伴，地方政府與學校也是夥伴，學校內的老師更是夥伴關係，學生最終才能獲得幫助。

我們常說，教導學生時，要從學生真實情境中遇到的問題出發，讓他們從解決真實問題中來培養我們希望他們達到的能力。同樣的，中央政府希望地方教育水平提升，就要從地方根本的問題、實際上遭遇的困難切入，才可能朝理想走去。每一次解決實際問題的同時，就是朝理想的方向前進。政府往往每一段時間政策推陳出新，讓教育現場應接不暇，曾有老師說：「你們一天到晚要我做A政策，沒多久又要執行B政策，但從來不關心我遇到什麼困難。」

地方政府通常會聽到地方上學校校長與老師的反應，但是中央政府要怎麼協助地方解決？很多時候不是單一縣市個案，多半是普遍性的問題，因此政府該思考的是如何系統性的解決，需要示範性的解決方案讓各縣市理解要如何處理，或從政策上讓大家更深入理解，很多政策有配套也不相違背，這樣才不會製造無謂的焦慮。

當然，有很多偏鄉問題，政府曾經嘗試解決，委託大學教授研究，並且帶著解方到地方上，有時卻引起反彈，最後也解決不了當地問題。

我覺得因地制宜的解方，必須「蹲點」，不可能把都市經驗挪到偏鄉，家長組成背景不同、學生面臨的環境也不同，需要蹲點研究當地的獨特性與困難，以適合當地的方式來解決。很多解方都是「改造」，無法理解當地獨特的需求，不在原本的結構內處理問題，就會變成額外新增的工作，政府好意提供的解決方案，最後也會變成當地現場的困難。

還有一個方式，中央政府也可以參考，那就是好好訓練地方政府的能力，把原本只是處理公文和行政工作的地方政府人員，訓練成可以理解政策、執行政策，當政策下放到地方時，能夠一層層到位的轉化，才是推動政策的關鍵。

● 拋棄家父長觀念，累積政策信任資本

我聽過幾個縣市的校長或老師提到，自己所在的縣市教育主管機關並沒有自己的教育理念或政策，認為只要能夠完成教育部的精進計畫，每年的統合視導獲得好成績，便能取得較多補助款，這樣就夠了。不用心於了解所在地區需求，真正處理所在地區的問題與困境，只想便宜行事。

中央政府有點像父母，幫小孩（地方政府、學校）規劃好要做的事情，養成地方政府或學校不思考的習慣，因為父母都已經規劃好了。中央與地方權責應該重新思考與界定，中央可多從政策研擬，給大原則方向，不制定細節，而委託的專家應要到各地蹲點，跟地方政府合作。因此在教室裡，我們希望「以學生為中心，以學生的基礎與過去經驗來教學」，但是政策推動時，並沒有以學校為主體來推動，政策也沒有因地制宜，教育現場就無法信任政策。

對許多學校、老師來說，面對政府推動政策，就是一紙命令，但政府不用

面對家長的壓力，也不用面對學生升學。政府無法理解教育現場執行的困難，持續在自己的世界裡擬定下一波政策，造成地方現場對政策冷感，因此惡性循環，幾次教育改革下來，不信任與失望卻持續累積，政策永遠無法在現場展現出初衷理念。如何整合各項推動的政策，將這些事情轉化為學校事務，而非一件件冰冷的公文或計畫，讓行政人員專注於支持老師的課程教學，老師專注於學生的學習，這才是教育現場最該有的風景。

我常覺得教育系統裡的每個環節，政府很認真、地方縣市很認真、學校很認真，老師也很認真，但實行到最後都不是學生最需要的。這是教育政策目前最大的問題。「地方上的教育問題被解決，就是國家的教育問題被解決。」社會才能共好。

4 組織的困境與未來

大人勇敢起來，讓下一代有開闊的未來

政府、教育體制、學校組織環環相扣，都有相似的困境。僵化的思維，多數組織與教育工作者習慣承襲過往的經驗，有固定的做事習慣與固定的思維，這都算是一種舒適圈：「有習慣的做事模式，也習慣遇到何種問題，習慣以固定方法來解決，更習慣固定的評價標準。」

● 組織的舒適圈：固定模式與固定評價

除此之外，組織裡的人相當在意權力關係，每進行一件事情都不自覺揣

測，這麼做會不會得罪誰，或是可以造福哪一個團體，無法單純的從教育目的來進行決策。只要在意人與人之間的權力互動關係，就無法把單純的好事情做到位，往往產生事與願違的情況。

組織單位都有習慣的做事方式與固定的思維。所謂的企業文化、組織文化也是如此形成。比較可惜的是，國家最後都忘了擬定政策與推動政策的「為什麼」，也就是政策的初衷與制定的緣由。政策與政黨應該無關，換任何人執政，都應該延續政策，並且每幾年要回頭檢討，當初預期的目的有沒有達到。

教育制度很重要，假如規劃不好，政府行政官員、學校老師再怎麼優秀，還是很難做事。

但我在教育現場觀察發現，很多有理想的人，進入教育體系後就會開始妥協。有的人相當在意權力關係，一旦在意人與人之間的關係，許多理想與決策就會大打折扣。我從一九九八年開始在學校做行政工作，二〇一四年擔任台北市教育局課程督學，二〇一七年借調國教署，協助部分高中準備新課綱，過程中也曾出席相關政策配套擬定的會議。接著於二〇一八年離開體制內的教職，開始走入外縣市的校園中，接觸更多教學現場及行政系統。

在教育現場，我看到國家政策的落實策略與執行要求，如何影響第一線教學人員及其熱情，而有時候對於國家政策是否堅持的搖擺，更是動搖了第一線教學人員對於國家政策與主管機關的信任。我們在校園裡教導孩子抱持理想熱情，但是政策推動者可能因為顧慮許多，雷聲大雨點小，無法真正施展；或在乎人的關係勝過教育理想的實踐，而妥協打折；又或是有些政策短線操作，欠缺真誠。教育必須是乾淨的空間，需要大家一起守護，但往往能守護孩子的只剩老師跟家長。

● 檢視成效全靠數字報表

教育政策執行還有一個常見的問題，就是習慣只用「數字」檢視成效。尤其面對立法委員的質詢或是社會大眾，常常透過統計數字來說明回答政策的實施成效，比方全國有多少學校，每所學校內有多少間教室、多少本圖書等，但這些數字能代表什麼質化的成效嗎？

我認為教育的成效不能只看數字報表，問全國教室有幾間，不如問教學現場改變了什麼。又比如新課綱執行過程中，最大特色是「自主學習」，但是有多少民意代表能夠專業的針對「自主學習」這項變革來質詢監督政府：「自主學習有多少樣態？教育部是否給了各縣市學校足夠的協助？」民意代表對學校現況不清楚，就無法提出很到位的質詢，教育部或縣市教育局就只好一直端出數字，用磅礴的統計數字來呈現教育政績，顯示教育政策落實得「很好」。

長久以往，政府變成拚「數字」的機器，為了端出一份又一份磅礴的數字統計表單，全國各級學校都得製作這些數字，數字多數來自師生的「產出」。然後學校的人員卻得轉頭跟學生說，不要拚成績數字，要摸索找到自己的志趣。家長也跟孩子說，數字不代表一切，社會常常充滿了兩套檢視標準。

兩套標準的矛盾，影響教學現場對政府與社會的信任度。另外，教育政策的搖擺不定也會增加不信任感，比如最近最大的課綱變革，家長與第一線老師都有濃濃的焦躁不安與不信任感，那份不信任感來自於「政府是玩真的嗎？」

課綱曾經延後實施，這段延後的時間讓人產生觀望的心情。更甚者，過去的九九課綱並沒有切實執行，而且事後並未被檢視，導致「上有政策，下有對策」的氛圍，一直籠罩在一〇八課綱的變革過程中。而教學現場若對政策失去信心，長期下來，家長也會對政策產生不信任感，信任關係斷裂，又欠缺溝通的結果，家長只好湧入補習班找尋解方。

● 找回人民信任，勇敢為政策論述

我很想鼓勵施政的政府機關，「請拿出大人的勇氣」。

政策打折扣就錯了，很多地方也許不周延、標準尚待調整，但任何教育政策一定有人持反對意見，不可能方方面面討好每一個人、滿足每一個人。政府應該堅信政策背後代表的意義與價值，假如一出現反對聲浪就轉彎改變，打折扣下來的結果，是失去更多人的信任。

很多人一開始支持教改，最後卻變成反教改，都來自於對政府七折八扣政策下的不信任。此外，也應避免教育淪為政治協商下的犧牲品。政治人物應該承諾，不要拿政治角力、政治籌碼來干預教育，每一項教育政策都需要延續。政府提出教育政策，應該把背後的教育哲學論述清楚，然後按部就班的執行政策；而不是政策頒布後，聽到反彈聲浪或是不滿，就一邊施行一邊修改。

政策執行者也要思考，為何無法取得教學現場信任。「如何讓想做事的人自由發揮」，也許很多願意執行配合政策的人在現場遇到困難，「只叫我往前走，但是遇到困難時是我的事情」，假如政府是這種態度，要如何讓現場的人一起往前走？這反而會消磨做事的熱情。人民需要信任政府，但政府也要信任執行政策的第一線人員，排除他們的困難，讓他們也有勇氣去堅持對的政策。

「未來」是靠大家走出來的，而不是政府掛保證說一定有「未來」。教育政策便是如此，教改能不能成功，不是來自政府的保證，而是「對的初衷」加上「堅持執行」，才能有美好的未來。

台灣的政府、政治人物都很認真，但也很無奈。很多時候政策初衷沒錯，但因為各種因素介入，做對事情的人卻得安靜，連辯論政策的聲音都小小的。我觀察到教育政策的設計上都有其理想與堅持，但真正要執行時，政策執行者總是挨罵，他們是一群最需要勇氣，也最需要人民支持的人。人民能信任這些決策者，給予傾聽與信任，他們才能堅持把對的事情做完做好，教育最需要「大人的勇氣」。

● 入校陪伴，讓更多人參與改變

對我而言，我在意的不是政策推動，我在意的是教育。

這一兩年來，一直希望有一個比較自在的身分，讓我可以自由安排協助的對象及未來的方向，所以二〇一八年從專任教職辭職，很明確的把想做的事情系統化，便開始進入不同學習階段的學校做「入校陪伴」。為什麼做入校陪伴呢？因為我們看見各項計畫與變革不斷消耗學校能量，卻沒有讓學校在其中能夠更清楚如何發展學生所需的課程與教學；當學校不再努力於願景的思考與實踐，教師不再關注學生的生命探索與學習，便漸漸模糊了學校存在的意義。

在我們與現場廣泛接觸下，發現有不少學校的確有心要把教育做好，可是他們需要有人告訴他：「再來該怎麼做？」或者：「我們做的對不對？」我們申請了內政部的社會人民團體，叫做「瑩光教育協會」，取螢火蟲微光的意象，我們希望在各地都有螢光可以陪伴大家，用不刺眼又溫柔的方式照亮大家；又取「瑩」的字形，期望這樣的陪伴如同玉一般質細、堅定且美好。

我現在常常去陪伴很多學校裡的老師，每所學校都是一個月去一次，一個月進入約十五所學校。除了我的陪伴，他們也必須承諾自己願意投入，所以他們自己在我兩次入校之間，仍必須進行社群的聚會，將尚未完成的事情繼續完成，如此，在我下次到校時便能接續進行，讓事情有規律、定期的完成，更讓老師們慢慢習慣與同事討論，成為真正的夥伴。

有些時候某個學校的老師狀況或程度還不到理想的樣子，這個階段要在意的就不是要做到一百分，而是讓他們願意往前走。我希望的是入校陪伴後，這些老師會因著我們的陪伴，最後真的發展出專業能力。

老師們唯有透過處理跟解決困難的過程，才有辦法做到真正的增能。而我的陪伴，是為了讓老師可以獨立，讓他們從工作中找到自己的生命價值，那麼當他面對學生的時候，學生才能從老師身上看到生命的價值。

找到生命的價值，找回人與人之間的信任，這很重要。我想給教育現場的師生一點鼓勵：「不管從事什麼工作，重要的是在過程中有沒有不斷成長，因為所做的事情是對他人有益的，是成長和快樂的來源。」入校改變的不僅僅是老師，還有學校領導者，更是學校的文化。

這幾年，我與夥伴們因為陪伴了超過百所學校，讓我們對未來仍保持樂觀想法，因為我信任教學現場的師生與家長不會盲目接受自己不理解的改變，也相信學校與老師不會因為政策的變動而放棄了對於學生學習的堅持，更相信即便外在的挑戰愈來愈大，大家仍然會堅守教育工作者的職責。因此，我也想鼓勵政策執行者，要信任師生與家長，只要政策具備理念，政策執行者就要鼓起勇氣，充滿自信的把政策論述清楚，讓人民有相對等的訊息。

教育原本就是堂堂正正，教育政策遊說更應該如此。假如沒有人為對的教育政策辯護或說話，台灣還能有什麼未來？

只要大人勇敢起來，受惠的是廣大的下一代，是台灣的未來。

結語

你可以不認同我，但請信任我

對於我的孩子或學生，我給他們待人接物的最基本原則是——不要失去別人對你的信任，當別人不再信任你時，你就不再自在與自由。而當一個人能夠信任自己，即便面對不確定，都有勇氣向前。

● 這絕不是過於理想

總有人說我太過理想，認為孩子不可能這樣自律，或甚至會說如果不管教或約束，孩子根本不可能遵守規定。所以，大人外出時怕孩子沒事做而搗蛋，便規定了許多作業，等爸媽回家後要檢查；導師無法陪著班上學生，便安排小考，因為只有考試的時候大家最安分。我們對於孩子總有這麼多的不信任，甚至因而剝奪了孩子成長過程必須出現的兩難、掙扎或抉擇等經驗，以及犯錯與反思的歷程，寧可犧牲這麼重要的事情，只因為不願意信任。

記得二〇一四年，我的導師班正是高三的時候，就在接近畢業典禮之前，我有許多與畢業相關的會議必須參加。學生問我是否能在班週會時間玩遊戲，我說：「可以，但我們必須遵守學校的規定，不能離開教室，而且不能干擾到其他班級。在這個前提下，你們都能夠規劃你們想進行的活動。」就這樣，我安心的去參加會議。兩節課過去了，回到班上，看見大家把所有桌椅挪到教室的周邊，所有人圍成圓圈席地而坐，玩著「大地遊戲」。他們沒有違反任何學校規定，更沒有干擾任何人，因為這是他們回應我多年信任的方式，也證明他們是能夠自制的成人。信任，讓孩子像個大人。

我常想，這樣的不信任或許是來自於自己內在的反映，因為自己當初就沒做到，自己當初也被安排得滿滿的，自己也不信任自己能夠控制自己。說到底，原本大人只是當初沒有好好成長，大人當初被跳過了這一段，所以也不認為這一切可以在孩子身上發生。

當老師之後，我不太去干涉或探詢其他老師在做什麼，對我來說，我應該做的是專注於自己的學生與工作，況且我總認為同事跟我一樣，從事老師這份工作，我們對於自己有期許，而且格外努力。但是，身邊總會有同事整天觀察別人，抓別人毛病，揣測他人言行，因為他們總是不信任別人。

當主管之後，對於其他同仁看待別人的方式，或是聽到其他學校的事情，我仍然感到詫異，為什麼總是聽到人們告訴我「不要以為大家都會這樣認真」？該不會是我的人生與他人是平行時空吧！

放大他人的缺點與懷疑他人，在我的生活中是很少出現的，因為這不該是生活的方式與態度。我的經驗是，處室內的同仁或學校老師總能在被充分的信任與授權下，用心完成自己的工作，甚至做得更好。

● 這個世界不應該只有一種樣貌

我發現，產生懷疑心是源自於自己的經驗，當他人的言行不曾出現於自己的經驗中，便容易不信任；又，懷疑心還來自於自己的價值觀，當他人的作為與自己所追求的不同時，則他人也是不能信任的。更甚者，我也曾見過那種整日論斷他人的人，但又有誰能決定這世上的標準呢？

如同《聖經》上所言：「你們不要論斷人，免得你們被論斷。因為你們怎樣論斷人，也必怎樣被論斷；你們用什麼量器量給人，也必用什麼量器量給你們。」那些論斷別人的人，在自己應當努力的人事物上常常分心，以致於也沒有能夠如自己以為的那樣實踐。

對於我的同事，即使與我擁有不同的教育哲學，我仍然會看見他們對於學生的付出與用心，甚至能從中洞見他們有許多的堅持與我一致，只是在部分行動上與我不同。對於教育政策的推動者，即使最終提出的配套或做法與我的想法相異，我仍然會看見他們的堅持與努力，也能發現他們理解我的疑慮，只是在那樣的位置上所見不同，而做出了不同的決策，雖然我對於可能產生的影響感到擔憂，但我仍肯定他們的用心，特別是對於教育的堅持。

我們總是在倡導對於不同的性別與族群有更多同理尊重，或是欣賞包容；然而對於立場不同的人，我們往往是嚴苛檢視並且全盤否定，讓自己不看不聽，甚至不願意相信大家都是期待這片土地能夠更好，而盡可能的汙名化或極大化對方的錯誤，藉由否定人，使其言行不值得了解。

面對社會中各項爭議，如果是科學、科技或他國經驗便能處理的，往往都有機會取得平衡的解方，真正爭議難解的事情多數是價值之爭。來自價值的差異，很難以論理來說服他人。

就如同科學哲學家孔恩對於科學革命的論述，「不同典範，不可共量（Incommensurability）」。對於同一個現象或事實，人們產生了不同的詮釋，形成了不同的意義，但卻忘了這並非是客觀的解釋，是人們對於世界不同的理解。在這種情形下，說服是很難的，除非進入了對方的脈絡，換了視角，才有可能同理，但仍不代表會認同。

政治上的對立更是複雜。政治是服務眾人之事，成立政黨是出自於對國家社會的理想，期待有機會服務與實踐。媒體總是放大政黨間的爭執和政治的混亂，或有些政治人物也被「訓練」到必須以這樣的方式增加自己的能見度，以便贏得選票。但是無論任何政黨，人民生活不才是大家為何挺身而出的原因嗎？一個好的政策與規劃，無論提出來的人是誰，只要對人民是好的，不都應該支持協助，或是延續接手完成？

朋友說如果會這樣就不是政黨政治了，但我卻認為這不是「政治」最初的意義。如果連國家最重要的一群人也無法信任彼此都是希望這片土地更美好，寧願為了打擊對方也要將人民都賠進去，那就真的忘記「初衷」了。

如果能夠接受彼此的差異，信任彼此的初衷，我們會不會有更好的社會氛圍？孩子們會不會有更好的成長環境？我們會不會更有機會共好、共創未來？

• 讓孩子相信自己，勇敢承擔

當孩子不如我們所預期的生活著，不如我們所預期的成長著，我們便急於介入，卻忘了所有的成長都是這樣跌跌撞撞，都是這樣試誤摸索，在這樣的過程中建立出一致且穩定的價值觀，為自己的生命找到韌性。

小女兒（妹妹）從小就很有個性，如果讓她穿了不想穿的衣服，就會嘟著嘴含淚站著；如果還不想吃飯的時候勉強她吃，也會嘟著嘴含淚站著。做事情有自己的原則，堅持用自己的節奏，那是一般大人很難接受的「個性」。如果這樣的情形一出現，便予以制止，或快速解決問題，我想妹妹永遠都學不會說清楚自己的想法，也無法跟自己的彆扭和平共處。

每當這樣的情形出現，我總會跟她說：「媽媽在房間做事，等你想好了要跟我說的時候就進來，媽媽會等你。」就這樣，讓孩子學習跟自己的情緒共處，即便最後她不一定會跟我說她到底怎麼了，但她漸漸學會與自己共處，更懂得如何表達自己的想法。而這是因為我相信，即便只是兩歲的她，都是獨立的個體，能夠在生活中成長與學習，我可以陪伴，但無法替代她的成長歷程。

國中時的她，期末成績單上只有輔導活動一科沒有及格，被當了。我問她怎麼回事，她輕輕的說：「作業沒交。」

「什麼作業呢？」

「老師要我們剖析自己，我可以剖析自己，但不想交給他，因為我和老師沒有那麼熟，我並不想讓別人知道我心裡的事情。」

我輕輕的說：「好，這樣我知道了。」

我尊重孩子的選擇，也相信她接受並認同這個不及格的結果。

高中時的她，曾為了幫忙班上或社團完成影片（這原本是別人負責的），整晚沒睡，最後做完也上傳了，接著就在家裡昏睡了。我只提醒她，記得請假，不然又會被記曠課了。這是放任嗎？我不認為。因為我知道她每個選擇背後的原因，而她也承擔了每個選擇所帶來的責任。

我尊重孩子，無論她多小、無論她多大，這讓她在外行事懂得拿捏分寸，懂得善盡本分，懂得利他助人。就這樣，大學申請入學從資料蒐集、選填志願、準備資料、應考面試，她都獨自完成，要我們不用擔心與過問。選了自己想要的系，上了大學比起高中還要認真上課與學習。

我們願意相信彼此嗎？我們願意信任我們的孩子嗎？

就如同聯合國教科文組織所擘劃的二〇三〇教育、職業或生活的願景，這一切並不會憑空到來，唯有我們願意相信我們能夠創造未來，我們願意改變生活的方式，我們願意改變教育的模式，那個永續的環境與生活才會到來。

孩子如此，大環境也如此，不是因為他或它已經是你心中理想的樣子，你才要相信他（它），是因為你相信他（它），他（它）才會成為理想的樣子。人類的獨特不就在此嗎？因為相信，我們改變了不可能，我們打開了生命的可能，我們有了新的自己。

如果你相信教育，教育就能夠為我們創造未來。

附錄

打開藍家大門

藍偉瑩三代親子教養篇

藍媽媽與我的互動，以及我與兩個女兒的互動，常常被我「夾帶」進許多公開演講中。有人會好奇我跟兩個女兒的互動，是不是複製了藍媽媽對我的教養模式？

事實上，我確實在媽媽身上學到很多，比如嚴以律己、寬以待人、真誠待人、利他行善、永不放棄等；但在孩子的教養上，多數時候，我想的是：「我不要像她一樣。」盡可能不要把上一代的教養方式複製在下一代的教養上，這需要個人自覺，否則無形中便會複製沿用，然後把上一代的態度或情緒傳承到下一代。

●教養不要複製錯誤

我是個職業母親，白天工作非常忙碌，有人問我為何不縮短工作時間，在家好好帶小孩？社會上多數人都希望母親的時間應該全部用於陪伴孩子，我媽媽也曾經這樣指責我，她說：「你很自私，沒有認真帶小孩，沒有做到一個媽媽應該有的樣子。」我就頂嘴回她：「那全部做到了又怎樣？我女兒沒嫌棄我就好了。」

起初，我並不是這麼放得下小孩。我剛生完大女兒時，很黏小孩，即使每天到學校教書，中午還是要特地搭車回家看小孩，午休結束再返回學校，每天這樣來回奔波看小孩也不嫌累，能看著女兒就是最幸福的事情。直到有一天，我猛然覺醒，這樣下去可不行，因為我逐漸在自己身上看到媽媽的影子，她整個生活就是圍繞著我們姊妹。「我不想變成這樣」的念頭縈繞，我不希望女兒的人生還要背著我的人生，所以我得開始安排自己的生活。

藍媽媽總是擔心孩子的大小事情，即便到了現在都還是一樣，習慣幫我們準備一切，喜歡給我們「建議」，喜歡給我們她認為我們需要的。我不喜歡被安排，所以我學習傾聽孩子的每件事情，但父母不一定要幫忙解決，而是讓孩子自己解決。我自己也是如此，心情不好不找朋友吃飯抱怨，也不跟外人吐苦水。人生會一直往前走，不開心的事情自己分析一下就好，不用糾結太久。對待孩子也是如此，傾聽完，必須明白那是他的人生功課，只要傾聽陪伴，不用出手幫忙解決。

有一種愛就是「不愛」，得學習放手。做一個成熟的人就要自己面對，自己的關卡自己過，看孩子哭得傷心，父母再怎麼心疼，也要讓孩子自己解決。就如同女兒們小時候，我發現她們每生一場病，痊癒後某一種能力就變好，生病會提升免疫力，也提升了她們面對外在世界的能力。外面來的挑戰也是，都是為了讓你長大，假如父母總是把給孩子的挑戰擋下來，經驗值只會長在父母身上，那孩子要怎麼長大？

藍媽媽的生命故事書

我媽媽就是用她的生命經驗教會我這些。重男輕女的年代，媽媽是第四個女兒，小名叫做「招弟」，送人當養女，之後她的親生媽媽生了四個兒子。雖然養父母家庭環境不太好，但他們十分單純善良。外婆十七歲就收養了媽媽（因為自己的小孩出生後就夭折了），之後陸續生了幾個孩子，為了幫忙分攤家務，當時才小學三年級的媽媽便無法繼續上學，開始幫忙照顧其他弟弟、妹妹，有點「長姊如母」的味道。但也因此，我從小看著媽媽，便覺得她是一個不斷付出、卻很需要被愛的人。

我爸爸是那個年代典型的傳統男人，他想的是娶一個乖順的老婆，幫忙把家裡大小照顧好。雖然媽媽沒有公婆，但家族有大姑小姑，還有許多伯伯叔叔，親戚很多，加上爸爸跟手足感情很深，年輕的媽媽嫁到大家族裡需要適應，也很辛苦，凡事盡心配合夫家。爸爸白天工作很忙，晚上則應酬不少，但給家裡的錢只夠過日子。媽媽是傳統女性，吃苦耐勞、性格溫和，是那個時代下很多女性都有的樣子。

記得小時候，媽媽總是把家裡的磨石子地板擦拭得潔亮光滑，她教育我們下課回家先洗手做功課，然後在餐桌上乖乖吃飯，吃飯不能說話，食物不能掉到桌上，衣服也不准弄髒，言行要合宜有禮。每天時間到了，一定要上床睡覺，是一個凡事按照規矩的生活。調皮的我得躲在棉被裡偷看漫畫，想辦法在這種規律規矩中活下去。

媽媽很嚴格，偶爾會體罰小孩，總希望我們能有好的表現，我想或許她能透過孩子很優秀來得到肯定。記得媽媽說，在她生我的第一時間，爸爸知道生的是女兒時，就沒有特地跑一趟南投來看望我和媽媽了（媽媽當時是特別從台北回南投生產）。因此媽媽其實很期待我是兒子，我常在想，該不會是這樣的「胎教」，讓我的表現這麼像男生吧！

我常覺得媽媽很委屈，我為此生氣。「你有不喜歡的事情或想法，為何不說出來或反抗？」即便她盡量不跟孩子訴說委屈，但也只能跟我們這些孩子訴說生活的辛苦，從小我們和媽媽其實某種程度上更像是朋友。

● 做自己，也當一個勇敢的人

媽媽過得很辛苦，無法為自己而活，她得證明自己的能力或是透過照顧別人來獲取肯定與關注；她又是一個熱心的人，即使對方曾經傷害過她，但對方落魄時，她仍會出手幫忙。成長過程中看著這樣的母親，我告訴自己：「即使有孩子當媽媽後，仍要做自己」，並且「有什麼想法就應該表達出來，當一個勇敢的人」。

媽媽對自己要求很高，但對別人很好，一再強調「做事要心安理得」、「不要對不起別人」、「別人有需要就要幫忙」。媽媽總是會跟我們三姊妹大聊心事，特別是當她跟朋友吵架或是在外受委屈的時候，也許我們姊妹三人早熟是因為如此，我們成長在大家族裡，很懂得人與人之間的應對進退，也懂得察言觀色，很會判斷大人之間的事情，久而久之也凡事看得比較雲淡風輕。

我的原生家庭雖然單純，但是家族親戚也有戲劇化的故事。叔叔嬸嬸在一次天災事件中被活埋，工廠也因此受災。當時爸爸跟親戚都幫工廠擔保，家裡因此受波及被法院貼上封條，生活開始辛苦了起來，爸媽的擔子更重了。從我讀國小中年級開始，原本是全職主婦的媽媽得開始工作，我記得國中時，媽媽去傳統市場賣菜。我雖然討厭菜市場，但也得跟著媽媽去做生意，學習跟客人應對、算錢找錢，原本數學能力就不錯的我，因為這樣反應就更快了。

高中時，媽媽開始賣水餃，我下課回家就要一直切蔥和韭菜，每天手上都是臭臭的。我的姊姊很辛苦，從五專便開始工作，賺錢補貼家用。我則是讀高中時拿獎學金，扣除生活費，多餘的錢給妹妹付學費。所以我們家姊妹從小就習慣，賺了錢就要給家裡。還記得當年七月一日、二日大學聯考，考完七月十三日就開始打工賺自己學費。大學第一年暑假去便利商店打工，然後兼家教，大學四年都在打工賺錢。由於爸爸媽媽都做過生意，我從小見識到做生意會遇到的風險，家裡還被貼上封條，所以我很早就立志長大後不做生意也不想嫁給生意人。但我辭掉穩定的教職工作之後，居然開始創業（公益的教育協會），可能是命定有冒險的血液。

家族的手足感情很好，因為經濟匱乏，我們理解彼此、心疼彼此、珍惜彼此。爸爸生意失敗，最落魄的時候，反而是媽媽最幸福的時候，因為他們會一起去市場做生意，一起批發、一起擺攤子。

●讓孩子人生開闊，不當理想型母親

其實我的脾氣或處事方式很像我媽。但我會一直提醒自己：「千萬不要變成那一代的傳統女人，要活出自己的樣子，我女兒的人生才會更開闊。」

我媽媽心中有一個「理想型媽媽」的模樣，她也砥礪自己能做到，但當有一天她無法平衡「理想型」與真實情況時，負面的特質便會流露出來。比方說，她常對我們姊妹情緒勒索，她責備自己，然後不吃飯、不睡覺，藉由生病不舒服，期待我們可以去關懷她。

我從小就要面對媽媽的情緒問題，雖然理解她的辛苦，但也學習到要懂得「教育」母親，並要懂得「狠心」。我不想要像她一樣，成為不平衡的人，我的解方就是「做自己」。當她宣稱身體不適而對我們索求關注時，我刻意不去看她，直到她「病好」，我才去看她。我知道我很任性，但媽媽似乎也只能接受自己一手帶大的女兒如此任性。

我的小女兒這點跟我很像，大人無法用「我很疼你」當理由，來要求她做她不喜歡的事情。個人自覺很重要，父母怎麼教養我們，我們身上無形中被留下的教養痕跡，是否要複製到下一代身上？所有的大人應該自主決定，若在自己身上看到上一代遺留下來的錯誤對待，就要謹慎的別延續下去。

比如媽媽對我們要求很高，沒有達到標準就會責罵，包括做家事，這也養成我們消極面對的態度——「與其做不好被罵，不如不要做」，反正結果是一樣的。但我不想把這種高壓教育延續下去，我的兩個女兒很小的時候，我就請她們幫忙做家事，不管結果如何，我都會說好棒，讓女兒先獲得肯定感，也樂於參與，她們才會喜歡並且持續做下去。

當然，我也學習了媽媽好的部分，並延續到女兒身上。比如小時候有人丟情書到我家門口，我媽收了不會偷看，完整的把信放在我床頭。我感謝她尊重我的隱私，所以女兒的日記本或任何信件、臉書，我也不會偷看。

● 大人也要過自己的人生

直到三十幾歲，我才感到生活稍微充裕一點，當時勉強自己買新房子，雖然有很大的經濟壓力，但為了讓小孩有更好的成長環境，再辛苦都要堅持住，也為了讓大家能住在附近有所照應，便邀請媽媽搬到同一個社區，請媽媽幫忙照顧小孩。從小到大一直在搬家的日子，讓我對於安定的住所很嚮往。

隨著我的小孩也長大了，媽媽終於可以過自己想要的生活，她卻還是不快樂，因為她一輩子都為別人而活，從未有過完全屬於自己的人生，這對自己和身邊的人都不是好事。我上大學後，爸爸一直在海外工作，他會安排生活，趁著身體還方便走動，到處旅行。媽媽總覺得爸爸很自私、自顧自的，但我卻認為，每個人都應該學習安排自己的人生，爸爸不太愛干涉別人，媽媽則很喜歡「關心」別人，是兩個很不一樣的人，我常覺得他們倆或許不應該在一起，但我倒是從他們身上收穫許多。

爸媽都在追求不同的人生，直到我當了母親，才理解當父母的心情，也才能驗證我哪些想法是正確的，爸媽留給我的教養原則，好的會留下來，不合適的我會修正，也提醒自己不要重複延續到女兒身上。對於我的父母，以及從小到大的境遇，我很感恩，也很能理解在那樣的時空背景下，都是合理與必然。如果沒有這樣的生命經驗，沒有這麼多的相遇，也不會讓我成為這樣的我，這就是上天的禮物，一切的安排都是有意義的。人生的境遇是好是壞，其實都只是一念之間。

最後，我想建議所有的大人，原生家庭的教養對孩子影響雖然很大，但我認為二十五歲以後，就應該有自覺，並有責任自己修正不好的地方，不要再拿原生家庭的過錯來陳述自己的委屈或是欠缺。不少年輕人說：「我不想跟爸媽一樣。」你本來就可以不一樣，你已經是成年人了，你可以掌控自己的人生。

期待每一個大人都能找到自己的人生，過自在的生活，對自己，也對下一代都好。

國家圖書館出版品預行編目(CIP)資料

教育，我相信你／藍偉瑩著. -- 第一版. -- 台北市：遠見天下文化，2020.06
264面；14.8×21公分 -- (教育教養；BEP054)
ISBN 978-986-5535-13-1 (平裝)

1. 親職教育　2. 子女教育　3. 教育政策

528.2　　109007210

教育教養　BEP054

教育，我相信你

作者 —— 藍偉瑩
文字協力 —— 林秀姿

總編輯 —— 吳佩穎
副總監 —— 楊郁慧
責任編輯 —— 張彤華
美術設計 —— 陳文德（特約）
內頁排版 —— 張彩梅（特約）

出版者 —— 遠見天下文化出版股份有限公司
創辦人 —— 高希均、王力行
遠見・天下文化・事業群　董事長 —— 高希均
事業群發行人／CEO —— 王力行
天下文化社長 —— 林天來
天下文化總經理 —— 林芳燕
國際事務開發部兼版權中心總監 —— 潘欣
法律顧問 —— 理律法律事務所陳長文律師
著作權顧問 —— 魏啟翔律師
地址 —— 台北市 104 松江路 93 巷 1 號 2 樓

讀者服務專線 —— 02-2662-0012 ｜ 傳真 —— 02-2662-0007, 02-2662-0009
電子郵件信箱 —— cwpc@cwgv.com.tw
直接郵撥帳號 —— 1326703-6 號　遠見天下文化出版股份有限公司

製版廠 —— 中原造像股份有限公司
印刷廠 —— 中原造像股份有限公司
裝訂廠 —— 中原造像股份有限公司
登記證 —— 局版台業字第 2517 號
總經銷 —— 大和書報圖書股份有限公司 電話／(02)8990-2588
出版日期 —— 2020 年 12 月 25 日第一版第 6 次印行

定價 —— 350 元
ISBN —— 978-986-5535-13-1
書號 —— BEP054
天下文化官網 —— bookzone.cwgv.com.tw

天下文化
BELIEVE IN READING